Harper
Collins

Claudia Neumann

»Hat die überhaupt 'ne Erlaubnis, sich außerhalb der Küche aufzuhalten?«

Wie ich lernte,
das Leben sportlich zu nehmen

Harper
Collins

HarperCollins®

Eine persönliche Randnotiz vorab:
Wahrscheinlich wird Ihnen auffallen, dass ich in diesem Buch überwiegend auf die mittlerweile üblich gewordene Markierung des Geschlechts verzichte. Ganz ehrlich, mich strengen solche Texte an. Daher habe ich mich dazu entschlossen, in diesem Buch das generische Maskulinum zu benutzen.

FSC
MIX
Papier
FSC® C014496

1. Auflage: April 2020
Originalausgabe

Dieses Werk wurde vermittelt durch
die Michael Meller Literary Agency GmbH, München

Umschlaggestaltung: ZeroMedia, München
Umschlagfoto: © ZDF / Torsten Silz
Satz: GGP Media GmbH, Pößneck
Printed in Germany
Dieses Buch wurde auf FSC®-zertifiziertem Papier gedruckt.
ISBN 978-3-95967-367-9

www.harpercollins.de

Inhalt

1:0 – Die Ruhe nach dem Shitstorm

2:0 – Traumberuf »Rasende Reporterin« oder wie alles begann

3:0 – ran Baby, ran

4:0 – Im Fadenkreuz der Stimmungsmacher

5:0 – Frauenfußball und Fußballfrauen, eine Erfolgsgeschichte

6:0 – Zurück in die Zukunft

1:0

Die Ruhe nach dem Shitstorm

Das letzte Spiel

»Und der Tempo-Gegenstoß – Kevin De Bruyne zieht das Tempo an – Höchsttempo! Rechts geht Meunier – in der Mitte Lukaku – Luuuukaaaku, lässt durch auf Chadli, ich glaub es nicht! Nacer Chadli mit dem 3:2!«

Das sind die Momente, die jeden Fußballkommentator brennen lassen. Ein »Finale furioso« in einem ohnehin hochklassigen Achtelfinale. Ich liebe diesen Sport, ich liebe meinen Job!

Unser siebtes und letztes Spiel bei dieser WM war mit Abstand das beste. Taktisch eindrucksvoll, erst von den Japanern, dann von den favorisierten Belgiern. Dazu technisch individuelle Klasse auf höchstem internationalenNiveau, und ein Spannungsbogen, den auch Hitchcock nicht besser hätte entwerfen können.

Ich bin zufrieden, ich bin glücklich, ich bin fertig.

Es ist Montag, der 2. Juli, kurz vor dreiundzwanzig Uhr in Rostov am Don. Immer noch eine drückende Schwüle im Stadion, ich befreie meinen verschwitzten Kopf vom Kommentatoren-Headset. Noch geflasht und doch befreit. Begeistert von den letzten Sekunden in der Nachspielzeit, als Belgien mit einem Museums-Konter die Entscheidung gelingt, Japan mit 3:2 besiegt und ins Viertelfinale einzieht. Erleichtert, weil der Abend ordentlich gelaufen ist. Morgen geht's Richtung Heimat: »Reporter Team 4 hat fertig!«

Es war mein letztes WM-Spiel als eine von vier ZDF-Kommentatoren.

Mein Redakteur Jens Momma, genannt Mommi, und ich fallen uns in die Arme, wir freuen uns auf ein eiskaltes Bier. Eine extrem intensive, aufregende Dienstreise durch Russland geht für uns zu Ende. Auch für ihn war's ein emotional anspruchsvoller Spagat, da bin ich ziemlich sicher. Einerseits viel Arbeit, strapaziöse Reisen, dazu diese spezielle Drucksituation, permanent beschimpft zu werden. Auch wenn sich der Shitstorm vor, während, nach jedem Spiel gegen mich, die einzige Frau am Live-Mikrofon, richtet, ist das belastend für den Redakteur an meiner Seite, zumal wir seit vielen Jahren gut befreundet sind. Ein Team im Kreuzfeuer, das sich jetzt einfach nur auf den Feierabend freut. Drei Wochen, sieben Spiele, unzählige Flugkilometer – die Anspannung fällt ab, wir quatschen über Gott und die Welt, planen unsere Urlaube.

Die karge Hotelterrasse ist komplett verwaist, die übrig gebliebenen Wochenend-Feierbiester tanzen im Keller in der Russendisko. Eine Art Ballermann-Atmosphäre im Touristenhotel, nicht gerade das, was wir jetzt suchen. Blöderweise gibt's nur noch dort unten Kaltgetränke. Wir entscheiden uns für »Bier to go«, wollen draußen im

Mondlicht die Dezibel-Grenze senken. Alex Ruda kommt dazu, unser On-Mann heute, so nennen wir die Vor-Ort-Moderatoren.

Ins Netz wirft heute niemand mehr einen Blick, jedenfalls nicht in meiner Anwesenheit. Ich ignoriere Facebook, Twitter, Instagram und all die anderen Brutstätten wüster Beschimpfungen tatsächlich konsequent. Alles Übungssache, schwirrt es mir durch den Kopf, aber natürlich weiß ich, was da so abgeht. Meine Vorstellungskraft für Wortwahl und Duktus in den sozialen Netzwerken ist groß genug, aber ich habe bereits vor längerer Zeit beschlossen, diese Art der Meinungsäußerung nicht an mich heranzulassen, solange sich der Umgangston auf überwiegend unterirdischem Niveau bewegt. Vielleicht braucht es eine gewisse Reife und persönliche Erfahrung für den Turnaround, in jedem Fall ein bestimmtes Selbstverständnis in Bezug auf Kommunikation.

Bing Bing, und noch mal Bing Bing! Bei Mommi und mir meldet sich eine WhatsApp-Nachricht an. Kollege Martin Schneider sendet erste Impressionen von der Rückkehr in die Heimat. Er hatte tags zuvor seinen letzten Kommentatoren-Einsatz bei dieser WM, ist mit seinem Redakteur, dem Ex-Profi Hanno Balitsch, in der Nacht noch abgeflogen, kreuz und quer durch Europa. Jetzt grüßt er bereits aus Wuppertal.

Unsere Reporter-Team-WhatsApp-Gruppe, eigens für die WM eingerichtet, war so cool wie praktisch: Mal fragt einer nach dem besten Steakhaus in Kaliningrad, mal warnt ein anderer vor den langen Warteschlangen beim Sicherheitscheck am Flughafen Domodedovo, und vor der Abreise nach Rostov bittet mich Béla Réthy, im Hotel nach einer liegen gebliebenen Hose zu fragen. Man kennt, schätzt und hilft sich – früher vor allem analog, heute auch digital. Bélas Hose findet sich übrigens später wieder. Martin Schneider vom Reporter Team 3 hat sie im Hotel in Nischny entdeckt.

Wir sind weit mehr als nur eine Interessengesellschaft, in der das Geschlecht nun wirklich überhaupt keine Rolle spielt. Im Übrigen kennen alle männlichen Kollegen das Phänomen der Netz-Bashings auch aus eigener Erfahrung. Fußballkommentatoren gehören zur beliebtesten Zielscheibe der sogenannten Hater. Die Frau setzt dem Ganzen dann nur noch die Krone auf.

Haltung haben, Haltung zeigen, Haltung bewahren

Je lauter, hässlicher die Netz-Hetzer sich artikulieren, desto größer der mediale Wirbel. In der ZDF-Pressestelle gehen haufenweise Interviewanfragen für mich ein, einige Printkollegen kontaktieren mich auch direkt, weil wir uns kennen über all die gemeinsamen Jahre der Berichterstattung.

»Du kannst dir jetzt die Talkshow aussuchen, angefragt haben fast alle.« Aha, ich weiß nicht, was ich davon halten soll. Es fühlt sich jedenfalls nicht gut an, dass sich so viel Aufmerksamkeit an meiner Person entlädt. Auch wenn ich mir jederzeit bewusst darüber bin, dass ich nur stellvertretend für das Phänomen einer neuen Hetz- und Hexenjagd stehe. Immerhin ein kleiner Trost zum Schutz der eigenen Persönlichkeit.

»Die Ebene, auf der das Thema ›Frau als WM-Kommentatorin‹ gelandet ist, ist noch mal eine ganz andere als vor zwei Jahren während der EM«, erklärt mir ZDF-Chef Thomas Fuhrmann. Alles richtig, dass ich bislang kein öffentliches Wort habe verlauten lassen, Konzentration auf das Wesentliche sei der ideale Weg. Aber nach meinem letzten Spiel hält er es für ratsam, dass ich mich positioniere. »Klar, das mach ich. Will ja nicht wie eine beleidigte Leberwurst rüberkommen«, entgegne ich. Wir verabreden ein Interview mit einer jungen Kollegin der ZEIT.

Mir ist wichtig, dass sie meinen Standpunkt versteht. Ich finde diese Netz-Auswüchse furchtbar, kann gar nicht genug Verachtung für dieses gesellschaftliche Phänomen ausdrücken. Es betrifft ja alle, die in irgendeiner Form eine ungewohnte Haltung verkörpern. Aber an mich ranlassen, tief hinein in die Seele, tue ich es nicht. Ich lese diese Einträge tatsächlich nicht. Die Frage »Wie gehen Sie damit um?« habe ich in den letzten drei Jahren gefühlt dreitausendmal gehört.

Ich weigere mich, irgendeine Form von Opferrolle anzunehmen. Ich bin leidenschaftliche Fußballreporterin, nicht mehr und nicht weniger. Niemand darf diese Tatsache auch nur annähernd infrage stellen. Kritisieren, sachlich – gerne. Ablehnen, aus gefühlter Gewohnheit heraus – meinetwegen auch. Aber beschimpfen, beleidigen, bedrohen aus einem antiquierten männlichen Selbstbild heraus? Nein, das geht gar nicht, ich lasse nicht zu, dass es ein persönliches Trauma wird.

Zur Kernaussage dieses Interviews wird meine Empfehlung an die Netz-Trolle erhoben, doch einfach länger zur Schule zu gehen. Bildung halte ich für den Schlüssel zur Vermeidung gesellschaftlicher Negativauswüchse. Das klingt wie eine plakative These, wie ein politisches Wahlversprechen. Aber meine Erfahrung belegt, dass das Leben demokratischer Werte tatsächlich vom geistigen Horizont der Menschen gesteuert wird. Keine gescheite Debatte ohne Abwägung von Argumenten und Gegenargumenten, Thesen und Gegenthesen. Natürlich darf ein Fernsehzuschauer eine Frauenstimme unter den Fußballkommentatoren ablehnen, er darf es auch äußern. Schön aber wäre, wenn er dabei eine tolerierbare Wortwahl verwendet und wenn er akzeptiert, dass es auch andere Meinungen dazu gibt.

Viele andere Medien übernehmen später Zitate aus dem »ZEIT«-Interview. Das muss erst mal reichen, denke ich, alles Weitere später. Für den Inhalt meiner Arbeit interessiert sich an dieser Stelle im Übrigen fast niemand. Warum auch. Natürlich realisiere ich, dass es bei allen Diskussionen nicht um meine Person als Fußballkommentatorin geht, sondern dass sich die daraus abgeleitete Debatte um Gleichberechtigung wieder einmal verschärft. Wie modern ist Deutschland wirklich? Das ist die eigentliche Frage, die uns alle umtreibt.

Dann holt’s mich doch ein

Langsam, aber sicher setzt der Prozess der Reflexion ein. Er dauert allerdings länger, als ich mir das je hätte vorstellen können. Es ist nicht der digitale Verbal-Müll, der mich verwirrt, das kenne ich ja schon. Was mir aufs Gemüt schlägt, ist die Bedeutung, das Gewicht, das meine Rolle als WM-Kommentatorin erhält.

Endlich daheim, aber immer noch unter Strom. Die ersten Nächte schlafe ich schlecht, wache nachts auf und frage mich: »Wann geht der Flieger, haben wir schon die Daten zum Schiri?« Erst nach einer kleinen Weile kapiere ich: Albtraum! Es ist vorbei! Weiterschlafen!!

Eigentlich wollte ich die WM jetzt richtig genießen, die verbleibenden Spiele ab Viertelfinale als Fußballfan vor dem Fernseher verfolgen. Ohne Leistungsdruck, mich einfach erfreuen an guten, spannenden Partien. Freunde rufen an, laden ein zu Grillfesten und gemeinsamen Fußballabenden. Mir fehlt die Lust, fühle mich irgendwie antriebslos, kann mich nicht aufraffen, unter die Leute zu gehen. Es fühlt sich komisch an, aber ich sage alles ab – so kenne ich mich eigentlich gar nicht.

Vielleicht fürchte ich die immer selben Fragen.

So verfolge ich alle Spiele zu Hause, allein, freue mich über gelungene Kommentare der Kollegen, bemerke aber auch den ein oder anderen Widerspruch in der Berichterstattung. Dann stelle ich mir vor: Wow, wenn *du* das jetzt gesagt hättest, würden einige im Netz sofort die nächste Protestwelle starten. Zeitgeist, Frauenverachtung, die große Gesellschaftsanalyse ist mir in diesem Moment zu anstrengend.

Mein Mailpostfach quillt über. Wenn ich's jetzt ignoriere, wird's ein Horror, all die Post in ein paar Wochen abzuarbeiten. Also überfliege ich die Eingänge, vieles wird sogleich weggelöscht, bei einigen Nachrichten schaue ich genauer hin. Mir unbekannte Absender schicken persönliche Anmerkungen, klug anmutende Weisheiten, tröstend gemeinte Zitate aus der Weltliteratur.

Ich beschließe, eine Woche Wellnessurlaub zu machen. Ich und Wellness! Ganz allein, ohne Freund und Feind. Bis gestern ein formidabler Widerspruch. Abschalten, runterkommen, durchatmen und Sendepause. Krönchen richten! In der ZDF-Redaktion melde ich mich für die nächsten drei Wochen ab, bin nicht erreichbar, beantworte keine Mail mehr.

Abschalten. Runterkommen. Sendepause.

Wohin mit mir und meiner aufgewühlten Gefühlswelt? Erst mal telefoniere ich mit meinen Liebsten, einem nach dem anderen erkläre ich: »Hey, mir geht's gut, bin nur ein bisschen platt.« Meine Mutter gibt mir das Gefühl, all diese negativen Begleiterscheinungen meiner Tätigkeit, die auch ihr nicht verborgen geblieben sind, gut einordnen zu können. »Den Shit-Kram lese ich gar nicht«, versichert sie mir. Sie ist bereits achtundsiebzig Jahre alt, aber ziemlich versiert im Umgang mit dem Internet. Ich glaube ihr, dass die Berichterstattung über ihre Tochter sie nicht wirklich belastet. Ganz heimlich ist meine Mutter sicher sogar stolz auf mich, obwohl sie vor fünfundvierzig Jahren vieles probiert hat, meine Fußballleidenschaft zu brechen. In den 1970er-Jahren waren Fußball spielende Mädchen noch nicht en vogue, um es freundlich auszudrücken.

Ich erkläre meiner Familie gegenüber für die nächste Zeit eine komplette Digitalabmeldung, einfach nur zur Vermeidung eines Fehlalarms. So. Und wohin jetzt? Nach Portugal, an die geliebte Algarve? Nein, besser nicht zur Hauptsaison, grölende Party-Strandurlauber sind das Letzte, was ich jetzt um mich herum erleben will. Außerdem spüre ich eine große Aversion, jetzt schon wieder in ein Flugzeug zu steigen. Nee, Portugal ist raus aus der Verlosung.

Ein Kollege und guter Freund empfiehlt mir Wellness in Tirol, er kennt ein tolles Hotel aus seiner Zeit als Box-Berichterstatter. Wladimir Klitschko hat sich in diesem Sportparadies häufig auf seine WM-Kämpfe vorbereitet. Das erscheint mir plötzlich als der ideale Zufluchtsort: Kämpfen, rausboxen aus dieser vernebelten Gedankenwelt, das mach' ich.

Aber vorher genieße ich das WM-Finale: Noch daheim und allein kann ich mich auf das Spiel konzentrieren, bin richtig gespannt auf beide Teams. Kroatien cool, Frankreich clever. Die Franzosen sind, insgesamt betrachtet, ein würdiger Weltmeister. Russland 2018 ist Geschichte. Tief durchatmen, vom Einfall der Hochsommersonne geblendet, fahre ich wie befreit im Cabrio nach Österreich.

Mein erster Blick, noch vor dem Check-in, geht zu den Tennisplätzen. Gigantisch! Sechs perfekt präparierte Sandplätze, direkt am Fuße des Wilden Kaiser, dazu noch zwei Hallen mit jeweils drei Plätzen. Guter, gelenk- und rückenschonender Belag. Juhu, wetterunabhängig kann ich Bälle schlagen. Ich verabrede mich sofort für den frühen Abend mit einem der Tennistrainer.

Es wird eine harte Stunde, ich bin körperlich auf dem Tiefpunkt. Einziger Hoffnungsschimmer, bei mehr als fünfunddreißig Grad: Die Schläge funktionieren, die einhändig gespielte, überrissene Rückhand erhält sogar Applaus von den Fachleuten am Rande des Courts.

Die Poollandschaft, indoor wie outdoor, ist großartig. Ich fühle mich wohl, lese Ian McEwans »Nussschale«, ein grandioses Buch. Und doch ertappe ich mich dauernd dabei, vom Lesen abzuschweifen.

Habe ich mich verrannt oder irgendetwas falsch gemacht? Wo ist die Stelle, an der ich falsch abgebogen bin? In komplizierten Phasen des Lebens neigt der Mensch dazu, alles infrage zu stellen. Ein naturgesteuerter Reflex. Harte Schale, weicher Kern? Da ist immer was dran, ich beschließe augenblicklich, Schwäche als Teil meiner Stärke zuzulassen.

Es wird eine gute Woche. Sport bis zur absoluten Erschöpfung – wobei die physische Belastbarkeitsgrenze ehrlicherweise bedenklich tief gesunken ist – und offene, ehrliche Auseinandersetzung mit mir selbst. Das Wechselbad zwischen Whirlpool und Eistonne, zwischen wütenden und versöhnlichen Gedanken wirkt befreiend.

Am Ende bin ich ziemlich sicher, dass es mir gut geht, dass mein Weg alternativlos ist, dass ich mir und meiner Persönlichkeit sehr treu geblieben bin, auch wenn es manchmal unangenehm wird. Bestätigt und gestärkt werde ich durch viele interessante Zuschriften, einige erreichen mich schon während der WM, die meisten erst in den darauffolgenden Wochen und Monaten. Es melden sich überraschend viele Führungskräfte aus Wirtschaft, Politik oder Kultur, sichern mir Unterstützung zu, bereichern mich mit klugen Lebensweisheiten oder laden mich ein zu Podiumsvorträgen, Neujahrsreden und Firmenjubiläen. Schlagzeilen rund um eine Fußballweltmeisterschaft entfalten eine Art Fächerwirkung, weil sie das übliche Sommerloch entsprechend fluten. Auch von Spitzenpolitikern gibt's Post: Sie reagieren fast reflexartig auf die vermeintliche Missachtung der Gleichberechtigung und laden mich zu Diskussionspanel ein. Danke, aber nein danke, vor einen Karren mag ich mich nicht spannen lassen.

Nach einer intensiven Woche fahre ich nach Hause, deutlich entspannter. Auf dem Heimweg noch einmal im Schliersee ab- und wieder aufgetaucht. Irgendwie symbolisch in diesem Jahrhundertsommer.

Zurück in Wiesbaden, meinem Lebensmittelpunkt, fühle ich mich bestens erholt, auch wenn mir die vielen, sicher gut gemeinten Fragen, wie es mir gehe, immer noch schwer auf den Keks gehen. Natürlich schwitzt man ein solches Bashing-Bombardement nicht einfach raus mit einer Handvoll Saunagängen.

Die Kollegen der ZDF-Pressestelle bitte ich, mir die gesammelten Anfragen der vergangenen Wochen zukommen zu lassen. Ich möchte mir selbst einen Überblick verschaffen – was ist da wirklich passiert in der öffentlichen Wahrnehmung? Was könnte für mich interessant, relevant sein, was lasse ich lieber aus? Ich beginne nachzulesen, was während der WM alles so geschrieben wurde. Wer sich wann wo geäußert hat zur Thematik »weibliche WM-Kommentatorin«.

In unserer heutigen Medienlandschaft wird alles multipliziert. Themen werden mitunter extrem überhöht, weil alle Aufmerksamkeit generieren wollen. Speziell im Netz müssen Klickzahlen her, nur so funktioniert das Geschäft. Die dpa schreibt als Resümee zur WM 2018: »Was bleibt, ist das historische Scheitern der deutschen Mannschaft und der unsägliche Hass gegenüber Kommentatorin Claudia Neumann.« Bäng! Das sitzt! Mir läuft ein Schauer des Grauens über den Rücken.

Ich habe ganz bestimmt auch verdammtes Glück gehabt: Seit gut einem Vierteljahrhundert übe ich meinen Beruf mittlerweile aus und hatte dabei nie ernsthafte Probleme, sondern viele tolle Erlebnisse. Und seit Jahren bin ich nun schon auch im Kreis der exponierten Vorort-Kommentatoren. Die erste echte Schwierigkeit, der erste Proteststurm, der mir in meinem Arbeitsleben entgegenweht, ist tatsächlich ausschließlich mit dem Live-Kommentar bei großen Männer-Fußballturnieren verbunden, denen – als letztes große TV-Lagerfeuer – die Aufmerksamkeit eines Millionenpublikums sicher ist.

Die »Stradivari unter den Arschgeigen« – in guter Gesellschaft

»Was labert der für einen Blödsinn!«, »Mann, ist der blind!«, »Kann denn niemand den Ton abstellen?!« Kein TV-Event produziert in lauschiger Runde so viele, von der Emotion getragene Ausbrüche wie die schönste Nebensache der Welt. Es wird geschimpft, gemeckert und zuweilen auch beleidigt. Nichts, was der Kommentator von sich gibt, trifft den Ton. Zumindest den Ton, den sich im Augenblick der Szene der Zuschauer wünscht. Und *der* Zuschauer, das sind dann auch noch mal Hunderte von unterschiedlichen Krakeelern. Die lauteste Stimme beansprucht vorübergehend die Meinungshoheit.

In der privaten, zumeist freiwillig zusammengestellten TV-Runde wird leidenschaftlich diskutiert, auch aus unterschiedlichen Positionen heraus. Das bringt schon das vielfältige Fan-Sein mit sich. Es gehört zum gemeinschaftlichen Erleben des Fußballs, Emotionen ausdrücklich erwünscht. Freudseligkeit und Enttäuschung sind nun mal logische Begleiter von Sieg und Niederlage. Von Angesicht zu Angesicht wird aber in der Regel eine gewisse Eskalationsgrenze nicht überschritten, die physische Anwesenheit der Gegenmeinung ist ein natürliches Regulativ. Außerdem wird überwiegend auf Augenhöhe, also ohne einen permanenten Vor-Koster, diskutiert und gestritten. Einigkeit erzielt die Runde nur in Ablehnung dessen, was die nicht eingeladene Stimme aus dem Off von sich gibt. Der Kommentator im Schwitzkasten der Selbstgerechten.

Spätestens seit der gigantischen Fußballdauerparty während der WM im eigenen Land 2006 ist eine Art Rudelbildung vor dem Fernseher oder gar der Leinwand alle zwei Jahre ein gängiges Bild. Sommerzeit ist Fußballfest. Gemeinsam feiern, jubeln, schimpfen, trauern beim Public Viewing oder bei der Privatparty. Ein Phänomen, das seinen Platz gefunden hat innerhalb des Fußballkosmos. Bei jedem Turnier verfügt das Land wieder über achtzig Millionen Bundestrainer, jeder weiß alles besser, alle sind die geborenen Fußballkommentatoren. Aufstellung, Einstellung, taktische Analysen, Spielerbewertungen werden traumwandlerisch sicher erstellt, all die vermeintlichen Profis sind furchtbare Dilettanten.

Fußball ist Volkssport, der leidenschaftliche Diskurs aller Beteiligten ist eine wesentliche Begleiterscheinung für gewollte Emotionalisierung. Wir lieben und leben Fußball wie kaum etwas anderes in unserer Gesellschaft.

Nüchtern betrachtet, ist die dauernde Konfrontation zwischen Kommentator und Zuschauer ein völlig logischer Prozess. In Bezug auf fast alle Kriterien einer Reportage existiert ein nicht unerheblicher Graubereich, unterschiedliche Auffassungen sind vorprogrammiert. Das betrifft Art und Dosierung der Informationen, Einordnungen von Spielsituationen, Bewertung von Schiedsrichterentscheidungen und ganz besonders individuelle Stilfragen. Herrlich zu beobachten, wenn man die Kritiken der Zuschauer tatsächlich nebeneinander betrachtet: Der eine verschmäht exakt das, was der andere propagiert.

»Fünfzig Prozent maximal«, erklärt Marcel Reif, »mehr kriegst du nicht.« Reif gilt spätestens seit den 1990ern als

Koryphäe der deutschen Fußballkommentatoren. Ein rhetorischer Feingeist mit Mut zur Meinung, zur Polarisierung. Das bringt naturgemäß deutlich mehr Gegenwind als vorsichtigere Kommentierung. Ausgerechnet die Nummer eins der Branche erfuhr vor Jahren als Erster die Wucht der instrumentalisierten Netz-Hetze. Einer beschimpfte ihn mal als die »Stradivari unter den Arschgeigen«. Immerhin höchst kreativ.

»Du willst doch nicht etwa«, Reif zögert, »... gegen diese Neandertaler ...«, ich ahne das Entsetzen in seinem Gesicht.

»Nein, um Himmels willen. Nein, auf keinen Fall will ich diese Netz-Nörgler in irgendeiner Form ansprechen.« Während unseres Telefonats kann ich seine Befürchtung schnell entkräften. Wir sind uns einig im Umgang mit der anonymen Bande der Verbal-Kriminellen.

Kritik und Häme begleiten den Fußballkommentator seit jeher, selbstredend traditionell per Leserbrief oder Telefonanruf. Rolf Kramer, mittlerweile jenseits der achtzig, Kommentator der WM-Finale 1978 und 1986, erinnert sich sehr genau an die damaligen Reaktionen auf den Fußball-Live-Kommentator. Die Printkollegen, vorzugsweise der Springer-Presse, wetzen schon damals regelmäßig die Messer. »Ein Fernglas für Herrn Kramer«, titelt die BILD, nachdem der ZDF-Kommentator beim Spiel HSV gegen Kaiserslautern einen falschen Torschützen nennt. Eine Zeitlupe steht ihm noch nicht zur Verfügung.

Auch wenn sich Ausmaß und Charakter der Konfrontation durch die modernen, digitalen Kommunikationsformen natürlich erheblich verschärft haben, steht der TV-Kommentator im Fokus der Kritik, seit es ihn gibt. Bei anderen Sportarten wird über den Kommentator ebenfalls gemeckert, doch nirgendwo ist die Community so groß wie beim Fußball.

Mittlerweile bietet das Fernsehen dem Zuschauer daheim einen optimalen Blick auf das Spiel. Dreißig Kameraperspektiven mit Nahaufnahmen und Superzeitlupen bieten nicht nur Sehgenuss, sondern lassen die Zuschauer hautnah dabei sein. Zuschauer und Kommentator urteilen so zeitgleich über das Geschehen auf dem Spielfeld. Jeder, der Ahnung hat, weiß es in der Regel besser. Daran kann ich übrigens auch gar nichts Verwerfliches entdecken. Der Stil prägt die Botschaft.

Die Beziehung zwischen Fernsehkommentar und -zuschauer hat sich anscheinend zu einer Art Hassliebe entwickelt. Ein ewiges Battle um die Deutungshoheit der Ereignisse. Und eine Frau, die Männern ein Männerspiel deutet, zerstört dabei das Weltbild. Wir schreiben das Jahr 2020.

Die Live-Übertragung – ein kleiner Exkurs

Man stelle sich vor, es ist Fußball-WM, und keiner kann sie sehen. Ohne das Medium Fernsehen, ohne die Live-Übertragungen hätte die weltweite Fußballbegeisterung und auch das Public Viewing gar nicht entstehen können. Wohl jeder Fußballfan erinnert sich an sein erstes Mal, an seine persönliche Sozialisierung mit diesem Bazillus.

Gönnen wir uns einen kurzen Blick zurück: Die WM 1954 entwickelt ihren nachhaltigen Sog noch nicht aus den Bewegt-Bildern, denn der Eroberungszug des Fernsehens fängt gerade erst an. Die legendäre Hörfunkreportage von Herbert Zimmermann: »Rahn müsste schießen … Rahn schießt …« prägt stattdessen den Weltmeistermythos weit über die Nachkriegsgeneration hinaus.

Im Rahmen der Europäischen Fernsehwochen produziert das Schweizer Fernsehen mit Unterstützung ausländischer Technik und Manpower immerhin neun Spiele live, darunter als Höhepunkt das Finale zwischen Deutschland und Ungarn.

Obwohl das Fernsehen aufgrund der geringen Anzahl der Rundfunkteilnehmer – ja, so hieß das einst – noch meilenweit entfernt ist vom Phänomen eines Massenmediums, sollen schätzungsweise neunzig Millionen Zuschauer in den acht der Eurovision angeschlossenen Ländern die Direktübertragungen am Bildschirm verfolgt haben.

In der Folgezeit entwickeln Regisseure der internationalen Fernsehmärkte eine Art Regiekonzept für Fußballübertragungen. Wo werden wie viele Kameras positioniert, und welche Aufgabe übernehmen die verschiedenen Blickwinkel, um der Dramaturgie des Spiels so gerecht wie möglich zu werden? Doch wirklich störungsfrei verläuft der Plan der Fernsehmacher nicht: Aus Sorge vor drohendem Zuschauerschwund im Stadion gibt der Veranstalter, also der Fußballweltverband FIFA, 1958 in Schweden nur zehn Spiele frei für eine Direktübertragung. Vier Jahre später in

Chile fehlen technische Voraussetzungen, um das nächste Level zu erreichen. So wird die WM 1966 in England zum ersten Meilenstein der Fernseh-Live-Berichterstattung, auch weil erstmals von weltweiter Resonanz gesprochen werden kann. Neben der Eurovision sind auch die osteuropäischen Rundfunkorganisationen sowie jene in Nord-, Süd- und Mittelamerika angeschlossen.

Das Übertragungskonzept der Briten mit fünf Kameras gilt lange Zeit als stilprägend. Die Führungskamera ist nicht mehr so ultratotal eingesetzt, und es wird immer häufiger in eine Nahaufnahme geschnitten, um dichter an den spannungsgeladenen Aktionen dran zu sein. Später kommt die so wichtige Zeitlupe, die sofort eingespielt werden kann, hinzu. Das legendäre Wembley-Tor im Finale zwischen England und Deutschland lässt sich so aber nicht verhindern. Bis zur heutigen Torlinientechnologie ziehen noch viele Jahre ins Land.

Seit der Fußballweltmeisterschaft 1970 in Mexiko spielt das Fernsehen eine nicht länger wegzudenkende Rolle bei der Planung und Durchführung dieser sportlichen Großveranstaltung. Der Spielplan wird fernsehgerecht gestaltet, und beim Bau oder Umbau der Stadien sollen gute Kamerapositionen und ausreichende Sitzplätze für Kommentatoren gewährleistet sein. Durch die modernere Übertragungstechnik und die entsprechende Bilddramaturgie kommt der Fernsehzuschauer in den Genuss, das Spielgeschehen teilweise besser verfolgen zu können als das Live-

Publikum im Stadion. Das Spiel wird szenisch gerecht dargestellt, mithilfe der verschiedenen Kamera-Blickwinkel transparent, das heißt maximal durchschaubar gemacht. Die Faszination wächst, das Millionenspektakel feiert seine Geburtsstunde.

Die TV-Macher der WM 1974 profitieren schon erheblich von den Erfahrungen des »Deutschen Olympia Zentrum Radio Television«, kurz DOZ, das zwei Jahre zuvor die Olympischen Spiele in München fernsehgerecht inszeniert hatte. Eine mittelgroße Kostenexplosion für damalige Verhältnisse, die Programmdirektoren heute eher schmunzeln lässt. Für die Übertragungsrechte werden achtzehn Millionen DM kolportiert, rund zweiundzwanzig Millionen kommen für die Produktion der Übertragungen hinzu. ARD und ZDF, die alternierend das Programm gestalten, berichten erstmals über alle Spiele live oder in Aufzeichnung. Hinzu kommt ebenfalls eine nie dagewesene ausführliche Vor- und Nachberichterstattung mit Interviews, Filmbeiträgen, Analysen und Expertenmeinungen.

Die Rolle des Fernsehens wird unaufhaltsam immer entscheidender für die Entwicklung des Fußballs. Heute wird ein WM-Spiel mit bis zu vierzig Kameras ausgestattet, nichts auf dem Platz bleibt im Verborgenen. Das Sehvergnügen, geprägt von messerscharfen, hochauflösenden Bildern auf riesigen Flatscreens, scheint nicht mehr zu toppen.

Stört also nur die Stimme, die aus den hochmodernen Boxen durchs heimische Wohnzimmer dröhnt.

Unter Beschuss

Man sitzt wirklich nicht bequem. Warum zum Teufel müssen es diese harten, seltsam geformten Metallsitzschalen sein? Rückenlehne im 90-Grad-Winkel, gemütlich abhängen, die Sinne schärfen – kaum möglich an diesem frühen Morgen am Flughafengate in Toulouse. Es ist Samstag, der 18. Juni 2016, ich warte auf meinen Air-France-Abflug nach Paris-Orly. Hinter mir liegen zwei Live-Spiele, die ich bei dieser Europameisterschaft fürs ZDF kommentieren durfte.

Mein Handy meldet seit Tagen Fieberschübe. Anfragen für Interviews füllen den E-Mail-Speicher, den SMS-Filter, und auch die Anrufabsender sind mir weniger bekannt als sonst. Das Ding hat also hohe Wellen geschlagen. Soll ich sagen, wie erwartet oder wie befürchtet. Ich weiß es nicht. So konkret hatte ich nicht darüber nachgedacht.

Die erste Frau als Live-Kommentatorin eines großen Männerfußballturniers hat die Öffentlichkeit bewegt. »Die erste Frau«, kaum ausgesprochen, geht's mir auf den Geist. Ein Terminus, der mich von nun an verfolgt wie eine lästige Infektion. Wer wann was ins Rollen gebracht hat, ist wahrscheinlich rasch erklärt. Es sind tatsächlich diese unflätigen Beleidigungen, Beschimpfungen in den sozialen Netzwerken, die auf allen Ebenen Reaktionen auslösen. Diese unschöne gesellschaftliche Begleiterscheinung erleben wir ja mittlerweile in allen Lebensbereichen. Sogenannte Shitstorms entwickeln sich heutzutage an allen Fronten. Eine Art psychologische Kriegsführung, bei der zumeist unreflektierte Menschen offensichtlich Bindung suchen in unserer mittlerweile doch beängstigenden Nörgelgesellschaft. Zielscheibe einer solch wuchtigen Verbalaggression kann jeder werden. Nun hat's mich also auch erwischt. Nach fünfundzwanzig Berufsjahren, in denen ich über Fußball berichte. Weitgehend widerspruchsfrei. Sechs bis acht Millionen Zuschauer haben mir bei meinen beiden Live-Spielen zugehört. Erst Wales gegen die Slowakei und dann Italien gegen Schweden. Für die meisten ist die Frauenstimme an dieser Stelle neu, ungewohnt und vielleicht zunächst auch unangenehm. Stimmlage diesseits des Mikros beeinflusst Tonlage jenseits. Was man nicht kennt, wird hinterfragt, ein nachvollziehbarer Impuls.

Mit meiner Premiere bin ich selbst nicht zufrieden, ein paar Dinge laufen unrund. Auf dem Sender bemerkbar macht sich das mit – in der Sache harmlosen – Versprechern oder vermurksten Formulierungen. Außerdem ärgere ich mich über eine falsche Zweikampfbewertung. Eine Strafraumsituation, in der unterschiedliche Zeitlupen gegensätzliche Folgerungen zulassen. Mein Fehler liegt darin, dass ich zu früh urteile und im entscheidenden Moment nicht auf den Bildmonitor, sondern aufs Spielfeld schaue. Abgelenkt von einer kniffligen Rudelbildung rund um den Schiedsrichter, verpasse ich die aufklärende Zeitlupe des Zweikampfs. Ganz klar, es hätte Elfmeter geben müssen. Auch meinem damaligen Redakteur ist diese Einstellung durchgerutscht, dafür gibt es gute Gründe. Das Korrektiv funktioniert nicht immer. Das ist die Krux, das sind die Momente, die jeder Live-Kommentator fürchtet. Erst in der Pause sehe ich diese an Eindeutigkeit nicht zu überbietende Slow Motion. In diesem Augenblick magst du im Boden versinken, stattdessen aber schleppe ich das zerknirschte Gefühl noch ein Weilchen durch die zweite Halbzeit. Natürlich habe ich die Fehleinschätzung mit dem Ausdruck des Bedauerns sofort korrigiert. Passiert – auch anderen. Ist aber in dem Augenblick überhaupt kein Trost.

Ich überlege gerade, was mir mehr auf den Keks geht, meine Müdigkeit nach viel zu kurzer Nacht oder die völlig unsortierten Gedanken um die ungebetene Aufmerksamkeit. Dann plötzlich eine verzerrte, furchtbar laute und dennoch kaum verständliche Stimme aus dem Off … mein Abflug verspätet sich um mindestens eine halbe Stunde.

Ich gehe noch mal rüber in ein kleines Bistro, bestelle mir einen Milchkaffee und schreibe eine SMS an meinen Kollegen Olli Schmidt. Schlussworte: »Ich weiß nicht, ob es das wert war.«

Unsachliche Schärfe

Die feine Klinge hat niemand erwartet. Beifallsstürme auch nicht.

Form und Fülle überraschen dann aber doch. Satzbau und Wortwahl im Netz bewegen sich auf unterstem Schulhofniveau. Von deutscher Grammatik ganz zu schweigen. Im Netz versenkt, und das hat so gar nichts mehr mit der positiven Umschreibung für ein Tor zu tun.

Unser damaliger Sportchef wirkt in jenen Tagen ein wenig angefasst. Dieses Ausmaß hatte auch er nicht erwartet, seine Skepsis, dass Teile der Gesellschaft nicht die nötige Reife für eine Frau in dieser Position besitzen, hat sich für ihn mehr als bestätigt. In mehreren Stellungnahmen verweist er auf meine Fachkompetenz, auf meine Erfahrung und auf meine Widerstandsfähigkeit: »... sie wird ihren Mann stehen.« Zack! Drin in der Genderfalle. Jeder weiß, was mit dieser Redewendung gemeint ist, aber nun fliegt es ihm als politisch unkorrektes Vokabular gleich um die Ohren. Kein Scherz, ich empfinde ein bisschen Bedauern für ihn, weil er Mitleid mit mir hat. Völlig bescheuert, beides ist falsch. Berufsrisiko. Jammern auf hohem Niveau.

Jetzt, wo das Kind in den Brunnen gefallen ist, entwickele ich selbst eine konsequentere Haltung zum Thema. Wildfremde Menschen wagen es, mir mangelnde Motivation und fehlende Fußballsozialisierung zu unterstellen. Blöken, schimpfen, beleidigen und drohen ohne passable Argumente ins Rohr. Das kann, darf und will ich nicht ernsthaft an mich heranlassen. Natürlich realisiere ich die Tonart der Tweets und Posts, das lässt sich gar nicht vermeiden, weil jeder, der mir auf den Zahn fühlt, mich mit diesen Zitaten konfrontiert. Ich beschließe, diese Art der Meinungsbildung für mich selbst nicht zuzulassen.

Ich selbst habe in den vergangenen Jahren immer mal wieder meine Einstellung zu sozialen Netzwerken überprüft. Die erste zarte Berührung mit Twitter ist ein ungläubiges Staunen im Jahr 2004, als der Tour-Dominator Lance Armstrong regelmäßig »zwitschert«. Während der Tour de France versorgt der Amerikaner Fans und Medien mit skurrilen Kurzinformationen. Gleichzeitig wird es immer schwieriger, ihn persönlich zu Aussagen vor dem Mikrofon zu bewegen. Der Mann ist in jener Zeit, bevor er des Systemdopings überführt wird, ein sportlicher Superstar und entdeckt wohl als einer der Ersten diese für ihn höchst praktische Kommunikationsform. Persönliche Anliegen werden in der öffentlichen Umlaufbahn platziert, ohne lästige Fragen parieren zu müssen.

So richtig Fahrt nimmt der Umgang mit Twitter und Facebook aber erst später auf. Bis heute bleibt mir diese Welt, zumindest in Teilen, suspekt. Ich schaffe es ja kaum, mich intensiv genug um meine analogen Freunde zu kümmern, warum also bitte schön sollte ich mir noch digitale ans Bein binden. Der Kommunikationswert für Sportler, Vereine, Verbände oder Unternehmen erschließt sich mir mit der Zeit schon, ebenso aber natürlich auch die Gefahr, dass Menschen so leichter beeinflussbar werden. Ich entdecke für mich keinen Grund, mit aufs Karussell zu springen.

Es sind zwei Dinge, die ich während dieser EM in Frankreich lerne, verinnerliche und ausbaue.

Am Fuße des Eiffelturms, mitten im Gewimmel Tausender Touristen, ertappe ich mich dabei, die Menschen zu fixieren und mich zu fragen: Bist du auch einer von denen? Ich frage mich tatsächlich, was einen Menschen bewegen kann, sich so unterirdisch zu äußern. Anonym im sogenannten Netz. Was ist das für ein Phänomen, über alles und nichts permanent zu nörgeln?

Antworten darauf fallen mir nicht ein. Ich habe keinen Einfluss, das bleibt haften. Nein, ich kann und will es gar nicht allen recht machen, ich mach mein Ding. Schlagartig wird mir bewusst, ich bin jetzt drin in dieser Art Rasterfahndung. Wie die Kollegen Reif, Réthy, Simon beispielsweise. Ich werde immer Zielscheibe sein, wenn ich on air gehe. Die Fußfessel ist zugeklickt. Schwarze Liste, rotes Tuch. Immerhin, feine Gesellschaft. Béla ist mir wie immer weit voraus. Nicht nur als Kommentator. Seine Hate-Speech-Erfahrungen kommentiert er süffisant lächelnd: »Jede Mülldeponie hat gestreute Fächer, bei Social Media hingegen fällt aller Dreck zusammen.« Wenig umweltfreundlich.

Ungeachtet dessen: Es gibt keinen Weg zurück! »Viele von diesen Hetzern waren wahrscheinlich noch gar nicht geboren, als ich schon Fallrückzieher versenkt habe«, diktiere ich einem Journalisten in den Block. Gefällt mir, denke ich im Augenblick des Spontaneinfalls. Außerdem ist nichts von alldem persönlich, ich stehe stellvertretend für die ungeliebte Frau an dieser Stelle. Eine kleine, aber bemerkenswerte Unterscheidung fürs Gemüt.

Ich werde also so unbeirrt wie möglich meinen Weg weiterverfolgen, meine Arbeit selbstkritisch hinterfragen, stets im Bemühen, mich zu verbessern, weiterzuentwickeln. Das klingt gestelzt, ist aber das einzig Sinnvolle, was ich tun kann.

Die unsachliche Schärfe, die fälschlicherweise als Kritik verkleidet daherkommt, stimmt mich nachdenklich. Was ist bloß los? Haben wir im Internet all unseren Anstand verloren? Achtung Ansteckgefahr! Es droht der Totalverlust der mühsam erlernten Minimalmanieren aus der einstigen Kinderstube. Der lauteste Protest beruht häufig auf hauchdünnen Argumenten, wenn überhaupt. Emotionen brechen sich Bahn, Menschen werden über Nacht zur kollektiven Projektionsfläche.

Der Grat zwischen berechtigter Aufregung und gefährlicher Hetze ist schmal geworden. Meinungsäußerungen, gepimpt mit Vulgärvokabular, werden ungefiltert rausgejagt, ist der Shitstorm einmal in Gang gesetzt, gibt es selten ein Korrektiv. Eine bewusst behutsame Wortwahl könnte helfen, bei öffentlichen Beurteilungen anderer Menschen, egal in welchem Genre, angemessene Sorgfalt zu wahren. Als Journalistin gehört Meinung, Beurteilung zu meinem Anforderungsprofil. Ich ertappe mich glücklicherweise immer häufiger dabei, wie ich eine zuvor angedachte Formulierung nun mehrmals durch den Bedachtsamkeitsfilter jage. Erst denken, dann reden. Weniger ist manchmal mehr, auch wenn die gewünschte Aufmerksamkeit geringer ausfällt.

Mit Respekt und Demut runter vom hohen Ross. Ich schieße doch nicht mit denselben Mitteln zurück. Einfach mal wirken lassen, einfach mal transferieren auf eigene Lebens- oder Arbeitssituationen. Ich habe mich erwischt. Alles eine Frage von Erfahrung, Reife und Bewusstsein. Perfekt ist nichts, besser geht immer. Ein brauchbarer Ansatz.

Wieder am Ball

Zeitsprung: Zwei Wochen nach dem WM-Finale fahre ich erstmals wieder rüber in die Anstalt. Von Wiesbaden übern Rhein nach Mainz, auf den Lerchenberg, ins Sendebetriebsgebäude des ZDF.

Ich bin eingeteilt als Reporterin für eine Zusammenfassung des Testspiels zwischen Bayern und Manchester City. Ich bin wieder am Ball. Ein paar Kollegen fragen: »Wie geht's?«

»Alles gut«, antworte ich. Business as usual, ich will mich wieder einreihen, keine besondere Aufmerksamkeit mehr. Konzentration auf das Wesentliche, all die immer wiederkehrenden Störgeräusche, die der Betrieb in einer öffentlich-rechtlichen Behörde so mit sich bringt, einfach ausblenden. Die erste Arbeitsalltagsprüfung bestehe ich flotter als gedacht: Der mir zugeteilte Schnittraum ist verwaist. Kein Cutter da zur verabredeten Zeit. Ich bleibe entspannt, wohl wissend, dass ich nun erst später rauskomme in die herrliche Hochsommerstimmung unten am Rheinufer.

Missverständnis innerhalb der Disposition, der Kollege erscheint eineinhalb Stunden später. Wir schneiden die Spielzusammenfassung, vertonen den Beitrag und posten ihn auf den Sendeserver. Bayern hat 1:0 gewonnen, gelungene Generalprobe für das erste Pflichtspiel nächsten Sonntag.

Oben in der Redaktion der »Sportreportage« lasse ich den Beitrag vom Sendungsleiter abnehmen, schließe auf diese Weise aus, dass sich ein Fehler eingeschlichen hat. Ein übliches Prozedere im TV-Redaktionsalltag, für mich in diesen Tagen ein gefühlt wichtiges Trapez. Bloß keine Angriffsfläche bieten.

Schnell noch ins Büro, das Postfach leeren. Oha, von schnell kann keine Rede sein. Der postalische Weg mag antiquiert wirken, ist aber längst noch nicht Geschichte. Wie schön, denke ich für einen Augenblick. Zwei, drei Briefe öffne ich noch im Stehen aus purer Neugier. Unglaublich, hier schreiben Menschen seitenweise, manche in schönster Handschrift, andere akkurat mit Computer getippt.

Dafür muss ich mir Zeit nehmen, es wäre ein Frevel, die Botschaften einfach nur zu überfliegen und dann ab in den Papierkorb. Nein, ich nehme mir vor, sie nächste Woche in aller Ruhe zu lesen, zu reflektieren und gegebenenfalls zu beantworten. Als ich das ZDF-Gelände verlasse, muss ich schmunzeln. Ein Gefühl wie beim glimpflich überstandenen Zahnarzttermin: »Hat doch gar nicht wehgetan.«

»Neumann kommentiert Supercup, erstmals darf eine Frau ran.« So oder so ähnlich klingen die Programmankündigungen. Mann, Mann, Mann!

Ein großes Turnier ist Geschichte, eine neue Saison steht vor der Tür: Knapp vier Wochen nach dem WM-Finale ist der Supercup die erste Fußball-Live-Übertragung im ZDF. Natürlich kann ich mir vorstellen, dass Thomas Fuhrmann mit meiner Besetzung ein Signal setzen will. Das ZDF steht felsenfest hinter seiner Mitarbeiterin, verfolgt eine konsequente Strategie. Ein öffentlich-rechtlicher Sender hat ein hohes Maß an Verantwortung, gesellschaftliche

Entwicklungen zu berücksichtigen, Themen aufzugreifen. Integration, Inklusion und eben auch Gleichberechtigung. Der Einsatz von Männern und Frauen in allen Positionen soll den Fähigkeiten angemessen erfolgen. Auf vielen Ebenen im ZDF, auch in Führungspositionen, sind in den letzten Jahren deutliche Fortschritte zu erkennen. Sehr viele fähige weibliche Persönlichkeiten haben ihren Weg gefunden. Auch bei uns in der Sportredaktion sind alle Frauen sehr gut positioniert. Als Moderatorinnen, Filmemacherinnen, Sendungsleiterinnen. Die Nummer zwei in der Hierarchie unserer Sportredaktion ist eine Frau, dazu seit vielen Jahren Programmchefin unserer Olympiaübertragungen. Auch die redaktionelle Personalleitung hat kürzlich eine kompetente Frau übernommen. Live-Kommentatorinnen indes bleiben weiterhin rar.

»Das ist aber nett, dass Sie an Ihren Mann denken ...«

Wasser auf die Mühlen all derer, die Frauen in der Sportberichterstattung ohnehin als bedauernswerte, permanent gemobbte Opfer betrachten. Von testosterongelenkten Machotypen in einer Männerdomäne unterdrückt.

Wo fängt Sexismus an? Sicher, ein Kerl, der mich als »Schlampe, der nur ein Pimmel fehlt« bezeichnet, spricht für sich. Vollpfosten, basta! Wahrscheinlich hat er selbst noch nicht mal einen Arsch in der Hose.

»Das ist aber nett, dass Sie an Ihren Mann denken …« Ich bin so verdutzt, dass mir für einen Bruchteil der Sekunde die Worte fehlen. Gerade gelandet am Frankfurter Flughafen, husche ich noch schnell zum Zeitungskiosk, um die aktuelle Donnerstagsausgabe des »Kicker« zu kaufen. Eine fußballinteressierte Frau übersteigt anscheinend die Vorstellung des Verkäufers.

Auch der Tankwart vor meiner Haustür kommt in unregelmäßigen Abständen auf die Idee, dass ich die ganzen Fußballfachzeitschriften nur für meinen Mann kaufe. Ähnliches Szenario neulich im Wiesbadener MediaMarkt. Mein Fernseher hat den Dienst aufgegeben, ich brauche dringend einen neuen. Nach abgeschlossener Recherche weiß ich genau, welches Modell ich will, steuere also entschlossen auf die TV-Abteilung zu. Der Fachverkäufer riecht förmlich seine Provision und umgarnt mich gleich mit freundlichen Begrüßungsworten. Der Deal ist flott abgewickelt, als ich mir dann noch die Bedienung der Apps auf dem Smart-TV erklären lassen will. Sicher ist sicher, denke ich. Er möge mal bitte die DAZN-App als Beispiel runterladen. »DAZN?«, fragt er völlig konsterniert, »Sie schauen DAZN?«

»Ja, sicher, Fußball, speziell internationale Spiele.« Er schaut ein bisschen schräg, hat aber deutlich mehr Euro- als Fragezeichen in den Augen. Ich lese seine Gedanken und habe tatsächlich den Eindruck, dass Frauen, Fußball und Technik für viele in Deutschland immer noch nicht zusammenpassen. DAZN ist eine Streaming-App für Sportübertragungen. Eine Cupcake-App hätte vermutlich besser in sein Weltbild gepasst.

2:0

Traumberuf »Rasende Reporterin« oder wie alles begann

Auf dem Bolzplatz

Klick-Klack, Klick-Klack. Alu-Stollen auf Asphalt. Ein elektrisierendes, unverwechselbares Geräusch. Man geht mit der Zeit, buchstäblich.

Es ist vierzehn Uhr dreißig am frühen Nachmittag, jeder Tag ist auf diesen Zeitpunkt ausgerichtet. Kinder, mal vier, mal sechs, mal acht, marschieren die knapp hundert Meter rauf zum Bolzplatz. Alle haben diese modernen Schraubstollen unter den Füßen, nur ich nicht. Meine Eltern mögen es nicht, wenn ich Fußball spiele mit den Jungs. Ganz verhindern können sie es aber nicht. Der Preis, den ich als einziges Mädchen weit und breit zahle, ist, dass ich in Turnschuhen laufe oder in den ausgelatschten Nockenschuhen meines Bruders. Auf diese coole Melodie der Schraubstollen-Schuhe muss ich verzichten, bis mein älterer Bruder Frank rausgewachsen ist aus seinen brandneuen Tretern.

Grundsätzlich bewege ich mich in einer komfortablen, heilen Kinderwelt, aber ich registriere schon früh dieses Gefühl innerer Reibung. »Das macht man nicht, das tut man nicht«, konservative Übernahme gängiger Umgangsformen. Mädchen spielen kein Fußball, Ausnahmen bestätigen die Regel. Aber latent fühle ich schon so einen permanenten Rechtfertigungsdruck.

Sozialisiert auf dem Bolzplatz, gleich um die Ecke. Neunkirchen-Seelscheid in den 1970ern, zwei Orte, eine Gemeinde. Ziemlich verschlafen, jenseits der Metropolen im Rheinland, dreißig Kilometer südöstlich von Köln auf der »schäl Sick«, der sogenannten falschen Seite des Rheins. Hier gibt's noch jede Menge Landwirtschaft, Bauern, Kühe, Wald, Felder und eben Fußballplätze. Nicht gerade die ganz große Reizüberflutung für Kinder und Jugendliche der heutigen Generation.

Eine lange, große Wiese, eingeteilt in drei Fußballfelder unmittelbar vor unserem Haus, wird zur Heimat aller Jungs in der Umgebung. Aller Jungs und eines Mädchens. Es ist die unbeschwerte Kindheit eines vom Fußballspiel geprägten Tagesablaufs: Schule, Mittagessen, Hausaufgaben so schnell wie möglich, und dann liegt die Wahrheit auf dem Platz. Der ältere Bruder ist der Boss, die kleine Schwester nur anfangs eine Exotin.

Geboren in Düren, in der Vor-Eifel, dann drei Jahre Lissabon, ein paar Monate Köln, ein halbes Jahr Dänemark, und nun also Neunkirchen. Wir Kids sind gut rumgekommen in jungen Jahren. Mein Vater ist in jener Zeit als Starfighter-Pilot bei der Bundeswehr besonders temporeich unterwegs. Zuständig für die Entwicklung und Erprobung moderner Kampfflugzeuge. An die Zeit in Portugal, im Alter zwischen drei und fünf, habe ich nur blasse Erinnerungen. Ein hübsches Haus mit großem Garten, den Strand fast vor der Haustür, viele Kinder aus aller Herren Länder um uns herum. Mein zwei Jahre älterer Bruder Frank und ich lernen spielend leicht die portugiesische Sprache. Kinder haben ein ausgezeichnetes Gedächtnis und überhaupt keine Hemmungen, das Gehörte einfach nachzubrabbeln. Beim Ballspielen versteht man sich ohnehin, mit und ohne Worte. Sprachlich bleibt leider nichts hängen, das ärgert mich Jahrzehnte später schon gewaltig.

Nach Ablauf der Stationierung meines Vaters in Portugal beschließen meine Eltern einen Eigenheimbau in Neunkirchen, weil seine neue Start- und Landebahn auf dem Luftwaffenstützpunkt Nörvenich beheimatet ist. Viele Bundeswehrangehörige sind in diese Gegend gezogen. Man könnte fast vom Bauboom sprechen, der Neunkirchen-Seelscheid in den 1970er-Jahren erfasst hat. Weil sich die Fertigstellung unseres neuen Heims verzögert, bleibt erst mal nur die Auftragslage des ortansässigen Bauunternehmers rosig. Unsere als Kurzaufenthalt in Köln geplante Übergangszeit reicht nicht aus. Zudem sind wir mittlerweile zu fünft, Baby Oliver ist 1968 in Lissabon geboren.

Der Junge ist übrigens ein bisschen aus der Art gefallen. Mit Fußbällen kann er nichts anfangen. Autos faszinieren ihn umso mehr. Mit zwölf rangiert er das Wohnwagengespann so traumwandlerisch sicher auf engstem Raum, dass mein Vater vor Neid erblasst. Heute komme ich mit jedem Blech-Pups bei ihm vorbei, das spart ein paar Euro beim überteuerten Autohändler.

Meine Eltern ziehen samt Baby vorübergehend ins einzige Hotel nach Neunkirchen. Frank und ich leben derweil ein paar Monate in Viborg, in Dänemark, bei unseren Großeltern.

Was ich mitnehme aus dieser Zeit, ist eine fette Narbe an der Nase. Ein spektakulärer Fahrradsturz hat mein Gesicht ziemlich in Mitleidenschaft genommen, viele offene Wunden, nicht alle verheilen perfekt. Erstes Zeugnis einer wilden Kindheit.

Eine Moderatorenkarriere kann ich mir schon früh abschminken.

Frühe Kicks

Einschulung 1970 in Neunkirchen. Fußball ist zu jener Zeit in Deutschland längst Volkssport Nummer eins. Fast alle Jungs spielen Fußball, auch ich bin fasziniert von diesem Spiel. Immer in Bewegung, der Umgang mit dem Ball fällt mir leicht. Es ergibt sich einfach so. Ist ja keine bewusste, sorgfältig abgewogene Entscheidung eines kleinen, gerade eingeschulten Mädchens, gegen den Strom zu schwimmen.

Frank ist eingefleischter Bayern-Fan, ich entwickle eine große Sympathie für den 1. FC Köln. Beide Klubs, das ist speziell für den jungen Leser durchaus erwähnenswert, sind seinerzeit sehr erfolgreich, direkte Konkurrenten. Heute kaum mehr vorstellbar, so weit haben sich diese Vereine auseinanderentwickelt.

Maier, Beckenbauer, Müller gegen Schäfer, Overath, später Schumacher, Flohe und Dieter Müller. Jeder hat seine Lieblinge. Vom Taschengeld kaufen wir uns die Panini-Heftchen, sammeln die Bilder der Fußballstars, tauschen mit den Freunden, bis die Sammlung komplett ist.

Auf dem Platz ist Frank einer der älteren, einer der besten Fußballer. Ich bin von Anfang an akzeptiert, weil ich den Ball auch ganz gut behandle und weiß, wo das Tor steht. Wenn die Mannschaften gewählt werden, komme ich immer so an dritter oder vierter Stelle dran. Untrügliches Indiz für gewisse Spielstärke, der Letzte hingegen muss ins Tor. Francis, ein leicht fülliger Nachbarsjunge, hat sich mit seiner Rolle abgefunden, aber er ist dabei, gehört dazu. Kinder entwickeln eine eigene, natürliche, zuweilen raue soziale Kompetenz. Meine Position ist ganz vorne, Mittelstürmer. Ich schieße Tore am Fließband, oft mit rechts, seltener mit links, häufig genug mit dem Kopf. Klassischer Torjägerinstinkt.

Allerdings schleicht sich bei mir schon früh eine Eigenschaft ein, die die anderen, allen voran mein Bruder, nicht so lustig finden. Gewinnen ist nicht meine Priorität. Stattdessen versuche ich ‚das Spiel schön aussehen zu lassen, den Ball laufen zu lassen.

Ich bilde mir ein, ein Gespür für Lauf- und Passwege zu entwickeln, die Statik eines Spiels zu erkennen. Immer wieder rufe ich meinen Mitspielern zu, wohin sie sich bewegen sollen, wohin der Pass gespielt werden soll. Wenn ich dann aber den Ball oder einen Zweikampf verliere, ist das Theater groß. Als Schönspielerin beschimpft, gibt's die ganze Palette des Unmuts. Frank kennt kein Pardon, seine kleine Schwester hat keinen Mädchen-Bonus, wird keinesfalls in Watte gepackt. Erwartet sie auch nicht.

Wir kicken stundenlang. Irgendwann können wir den Ball fast nicht mehr erkennen, so dunkel ist es bereits geworden. Aber niemand mag aufhören, bis der Ruf meiner Mutter durch die Dämmerung hallt. Sie steht vor der Haustür und ruft, so laut sie kann: »Fraaaaaank, Claudiiii, Abendbrot!«

Nächstes Tor entscheidet. Dann trotten wir müde, aber glücklich nach Hause. So geht das fast jeden Tag.

Oben auf dem Dachboden hat mein Vater einen Spielraum für uns eingerichtet. Alles ausgebaut, mit Holz verkleidet. Eine Carrerabahn, ein alter Schwarz-Weiß-Fernseher, diverse Spiele, und natürlich Bälle in allen Größen. Hier darf alles rumliegen. Nichts muss abends aufgeräumt werden.

Gelegentlich erfreuen wir uns an Abendeinladungen für die Eltern, die selbstverständlich nicht ungenutzt bleiben. Sofort rufen wir Ralf an, Franks bester Freund wohnt gleich nebenan. »Komm rüber, wir spielen«, bittet er ihn am Telefon.

Jetzt wird's laut. Oliver ist schon im Bett, er ist schließlich erst zwei oder drei, aber er hört nichts, da sein Zimmer zwei Etagen tiefer liegt. Bilden wir uns wenigstens ein. Frank, Ralf und ich basteln ein Dreierfeld, heißt, jeder hat ein Tor zu verteidigen, zwei zur Auswahl, um Treffer zu erzielen. Derjenige, der zuerst zehn kassiert hat, ist der Verlierer. Weil der Dachboden selbst für Kinder nicht an allen Stellen begehbar ist, findet die Bewegung auf den Knien statt, geschützt von klassischen Torhüter-Knieschonern. So was Antiquiertes gibt's heute gar nicht mehr.

Gedribbelt und geschossen wird mit der flachen Hand, der Ball ist aus Plastik, etwa so groß wie ein Tennisball. Es kracht ganz schön, denn jeder Holztreffer verursacht ein heftiges Plärren. Dieses Spiel funktioniert also nur in Abwesenheit der Eltern.

Manchmal kicken wir auch im Garten oder mit dem Tennisball auf dem Parkplatz vorm Haus und natürlich immer wieder auf dem Schulhof. Alles dreht sich um den Ball. Wenn es schlecht für mich läuft, wenn wir uns streiten, muss ich sehen, dass ich Land gewinne. Streit unter Geschwistern endet auch mal mit 'ner Ohrfeige oder einem Tritt in den Hintern. Zimperlichkeiten machen wenig Sinn. Wer mitmacht, muss auch einstecken, es herrscht das Gesetz des Stärkeren. Welpenschutz für Mädchen existiert nicht mal im Ansatz.

Provinzmief

Die Haare sind lang in den 1970ern, auch bei den Jungs. Auf den ersten Blick das einzige Zugeständnis an die 1968er-Bewegung und die Selbstverwirklichungsgeneration der Hippies. Das Dorfleben aber ist bestimmt vom konservativen Mief der zugezogenen Mittelschicht. Die Freiheitsbewegung oder gar Auflehnung macht einen soften Bogen um die Landbevölkerung.

Der Erziehungsstil ist überwiegend konservativ, das antiautoritäre Gedankengut keine Alternative für traditionelle Schwarzwähler. Nach zwei Jahrzehnten Aufbruchsstimmung in der Nachkriegszeit stagniert die Wirtschaft. Die Ölpreiskrise beherrscht die Tagespolitik. Geschwindigkeitsbeschränkung auf der Autobahn und autofreie Sonntage werden diskutiert. Tatsächlich schon Jahrzehnte vor der heutigen Klimahysterie. Bei uns Kindern kommt natürlich wenig an von dem, was unsere Eltern beschäftigt.

Das Familienmodell stützt sich in meiner Kindheit noch auf sehr traditionelle Rollenbilder. Der Vater geht arbeiten, die Mutter kümmert sich um Haushalt und Familie, am Wochenende wird gemeinsam etwas unternommen. Jungen tragen blau, spielen Fußball oder mit Autos. Mädchen mögen eher rot, schlimmstenfalls sogar rosa, fahren mit dem Fahrrad und spielen mit Puppen. Alles Abweichende ist eher suspekt. Bis 1977 müssen Frauen ihre Ehemänner sogar um Erlaubnis bitten, wenn sie selbst arbeiten möchten. Verankert im Bürgerlichen Gesetzbuch. Der Gedanke daran lässt mich sogar heute noch frösteln!

Ich erinnere mich an den ewigen Kampf um Kleidung. Nur selten spiele ich mit den Mädchen, meistens raufe ich mit den Jungs. Irgendwie haben meine Erziehungsberechtigten dann die Zügel schleifen lassen, zumindest in gewissem Rahmen. Das furchtbare Kommunionkleid ist ein Kompromiss meinerseits. In der Gedankenwelt eines Kindes ist kein Platz für klassische Rollenbilder, jedenfalls nicht bewusst.

Alice Schwarzer wird zur Ikone. Emanzipation, Frauenbewegung, Feminismus beginnen sich breitzumachen in unserer Gesellschaft. Ein Jahrzehnt geprägt vom Aufbruch der Frauen, doch diese Themen rauschen an mir vorbei. Ich muss mir erst mal selbst helfen, suche meinen Platz in meinem kleinen Kosmos. Zumeist auf dem Fußballplatz.

Angefixt

1974, Weltmeisterschaft im eigenen Land, zwanzig Jahre nach dem Wunder von Bern, das wir Kinder natürlich nur vom Hörensagen kennen. Wir hocken alle vor der Glotze, fiebern mit Beckenbauer, Overath und Müller. Schon damals kennen wir alle Spieler, Trainer, sogar die Fernsehreporter, denn sie sind ebenso abgebildet in den Panini-Heften. Bei nur zwei öffentlich-rechtlichen Sendern eine überschaubare Anzahl an Moderatoren und Kommentatoren.

Im Alter von zehn Jahren sind die Gedanken an die Zukunft noch nicht konkret, aber ich bin fasziniert von dem, was die Reporter dort machen. Die Spiele komplett und live im Fernsehen zu verfolgen, war damals etwas ganz Besonderes. Wir kommentieren erst mit, dann raus auf den Platz, die Spielzüge nachgespielt.

Legendär natürlich die 0:1-Niederlage Deutschlands gegen die DDR. Die Brisanz unseres geteilten Landes, des Kalten Kriegs war uns bewusst, wenn auch noch ziemlich abstrakt. Sparwassers Tor ist seinerzeit sportlich und politisch ein dickes Ding.

Im Gedächtnis bleibt auch die Partie zwischen Deutschland und Schweden, in der sogenannten Zwischengruppe. Sonntagabend, meine Eltern sind ausgegangen, sturmfreie Bude. Frank und ich, schon im Schlafanzug, haben es uns im Wohnzimmer gemütlich gemacht. Die Schweden gehen in Führung und halten diese ziemlich lang. Wir werden von Minute zu Minute nervöser, ungehaltener. Dann plötzlich dreht Frank völlig durch. »Overath, Overath!« Er hat so viel Schwung in seiner Jubelpose, dass er mit dem Sessel rücklings umkippt. Ein kurzer Schmerz, dann wird weitergeschrien. Zur Erinnerung, ich bin Overath-Fan, FC-Fan. Er verabscheut alle Kölner. Doch in diesem Augenblick lässt er alle Konsequenz vermissen, denn Overath ist der Ausgleich gelungen. Nach neunzig Minuten gewinnt Deutschland mit 4:2, die Weichenstellung auf dem Weg zum Titel.

Das Finale schaue ich bei meinem Schulfreund Stefan. Um kurz vor achtzehn Uhr ist Deutschland zum zweiten Mal in seiner Historie Weltmeister. Wir genießen die Momente der Siegerehrung, beschließen kurzerhand, noch mal selbst rauszugehen. Schnell umziehen und raus.

Und siehe da: Fast alle unserer Fußballfreunde hatten dieselbe Idee. Wir probieren, das entscheidende 2:1 durch Gerd Müller nachzuspielen. Des Auftrags letzter Touch ist für die Mittelstürmerin.

Wolfgang Overath ist mein großes Idol. Eine echte Zehn, Spielmacher der klassischen Schule. Technik, Eleganz,

Übersicht, Strategie, sein Spiel hat diesen ganz besonderen Ausdruck. Eine Strahlkraft. Overath ist ein Siegburger Jung, die Kreisstadt nur zwölf Kilometer von Neunkirchen entfernt. Irgendwann wird mein Genörgel, mein Drängen und Bitten erhört. Mit dem Vater eines Freundes fahren wir nach Köln zum Spiel FC gegen den HSV. Wir haben Karten für die Haupttribüne des neu eröffneten Müngersdorfer Stadions. Als Overath die Mannschaft ins Stadion führt, bin ich der Ohnmacht nahe. Frühe Führung durch Hannes Löhr, später Ausgleich Manni Kaltz, doch an diesem Tag ist das Ergebnis zweitrangig. Endlich das Live-Erlebnis bei meinem Lieblingsklub, ein Eindruck, der mich nie wieder loslassen wird.

Wie aufregend auch das Zusammenspiel zwischen dem Ereignis Fußball und dem Transport durch Medien ist, wird mir im Frühjahr '78 in bestmöglicher Dramaturgie serviert. Letzter Saisonspieltag! Der 1. FC Köln ist praktisch schon Deutscher Meister. Punktgleich mit Borussia Mönchengladbach, hat aber eine um zehn Treffer bessere Tordifferenz. Unmöglich, das noch aufzuholen. So denken alle.

Wir kicken ein bisschen im Garten, das ist aber Nebensache. Der Fokus liegt auf dem Transistorradio, die Frequenz WDR, Bundesligakonferenz. Gladbach startet furios, 3:0 nach dreizehn Minuten gegen Borussia Dortmund. Was ist denn da los? Kein Grund zur Aufregung, nach einer knappen halben Stunde erzielt Heinz Flohe die Kölner Führung bei Sankt Pauli.

Dann fast im Minutentakt »Klingelingeling«, so kündigen sie beim WDR ein Tor an. Immer wieder aus Düsseldorf, dort im Rheinstadion findet die Partie Gladbach gegen Dortmund statt. Nach einer Stunde steht's 7:0, viermal allein Jupp Heynckes. Mein Atem wird schwerer. Das gibt's doch nicht. »Betrug«, schwirrt es mir durchs Kleinhirn. Der große Bundesligaskandal um Bestechung und Manipulation ist schließlich erst wenige Jahre her.

Köln steht vor dem größten Erfolg der Klubgeschichte. Das Double aus Meistertitel und Pokalsieg winkt. Auch wenn Trainer Hennes Weisweiler im Verlauf der Saison meinen alternden Liebling Overath ausgemustert hat, soll das heute hier ein Fan-Freudentag werden für mich. Doch rasch beginnt er bedenklich zu wackeln, stattdessen werde ich auf eine mentale Reise geschickt, die mir alles abverlangt. Gladbach, immerhin der noch amtierende Meister, führt zweistellig, 10:0, und immer noch knapp zehn Minuten zu spielen. Trainer-Ikone Udo Lattek zieht Otto Rehhagel am Nasenring durch die Manege.

»Klingelingeling, wir gehen nach Sankt Pauli, dort ist ein Tor gefallen!«, ruft der Radio-Kommentator. Angstschweiß! »Köln bleibt in der Spur, 3:0, Heinz Flohe!«

»Jaaaaaaaa!« Die Schlussminuten erlebe ich als hypernervöser Irrwisch.

Noch zwei Gladbacher Tore, aber eben auch noch zwei Kölner! Schluss, Aus, Abpfiff! Es reicht, mickrige drei Tore Differenz sind noch übrig geblieben. Der FC ist wieder Deutscher Meister! Feiert das bis heute erfolgreichste Jahr seiner Klubgeschichte, ehe er sich schleichend aus der Feinkostabteilung des deutschen Fußballs verabschiedet. Die Faszination dieser Hörfunk-Echtzeitreportage hat Edgar-Wallace-Qualität. Ich überlebe nur knapp.

Meine heimliche Leidenschaft – der Fallrückzieher als Kunstform

Es ist eine komplexe Bewegung: Eindrehen, Sprungbein, Schwungbein, Treffpunkt des Balles, Präzision des Schusses, alles muss exakt zueinander passen. Das Timing lässt keine noch so minimalen Fehler zu. Ein verunglückter Versuch sieht immer ein bisschen blöd aus, so gewollt und nicht gekonnt. Aber wenn er dann gelingt, ist er die Vollendung einer Kunstform: der Fallrückzieher. Perfektioniert einst von Klaus Fischer in der zweiten Hälfte der 1970er-Jahre. Sein Treffer 1977 im Nationaltrikot gegen die Schweiz wird später zum Jahrhunderttor gewählt. Viele schönere fallen mir bis heute nicht ein, auch unter Berücksichtigung der Tatsache, dass das Spiel heute erheblich schneller ist und kein Stürmer dieser Welt jemals wieder so viel Raum und Zeit haben wird. Fischer konnte in aller Seelenruhe diese wunderbar hereinsegelnde Flanke von Rüdiger Abramczik so artistisch verwandeln. Ein Relikt aus einer anderen Fußball-Epoche. Nach der Overath-Ära ist eigentlich Dieter Müller mein neuer Favorit. Zweimal nacheinander wird der Kölner Stürmer Torschützenkönig! Bis heute hält er einen unfassbaren Rekord, sechs Tore in einem Bundesligaspiel. Auch ein unvergessliches Radioerlebnis. Müller und Fischer sind in jener Zeit Konkurrenten in der Nationalmannschaft. Doch meine Vorliebe für Müller hält die Bewunderung für Fischers Fallrückzieher aus.

Ich bin fasziniert von Anfang an. Also probiere ich diese

Bewegung aus. Erst als Trockenübung im Garten, immer und immer wieder übe ich das richtige Fallen und Abrollen. Dann kommt der Ball dazu. Frank muss ihn mir zuwerfen, damit ich eine hohe Übungsfrequenz bekomme. Später nutze ich auch die Hauswand als Trainingswand. Schnell habe ich raus, in welchem Winkel ich den Ball mit welcher Schärfe wohin schießen muss, damit er ideal als Flanke zurückkommt. Ein erhabenes Gefühl, wenn ich den Ball dann satt treffe. Wo mein Schuss hinfliegt, sehe ich erst mal nicht. Ist auch nicht so wichtig, mir geht es um die saubere Technik, um die Ästhetik dieser Aktion. Meiner Mutter eher um das unangenehm dumpfe Hauswandklatschen. In Ruhezeiten wird mein Trainingsterrain kurzerhand zur Ruhezone erhoben.

Natürlich muss ich das Gelernte jetzt auch auf dem Platz umsetzen. Immer wieder setze ich auch im Spiel zum Fallrückzieher an, fordere die Flanke knapp in meinem Rückraum. Wenn an manchen Tagen noch nicht genug Kinder auf dem Platz eingetroffen sind, spielen wir verschiedene Übungsformen auf ein Tor. Bei einer sind nur Volley-Tore erlaubt. Das heißt, wir müssen den Ball immer irgendwie hochhalten, um ihn aus der Luft zu nehmen. Ideal für mein Vorhaben.

Der Fallrückzieher bekommt Konjunktur, er sitzt immer öfter. Fast hätte Klaus Fischer meinem damaligen Lieblingsspieler Dieter Müller den Rang abgelaufen. Nur wegen des Fallrückziehers, dieser wundervollen komplexen Bewegung, die bei Erfolg jederzeit zum Tor des Monats gewählt wird.

»Aber Trainer, ich bin doch ein Mädchen!«

Der örtliche Fußballverein Schwarz-Weiß Neunkirchen feiert die Einführung der neuen D-Jugend. Bislang ist die unterste Spielklasse die C-Jugend, in der Frank und viele meiner Fußball-Bolzplatzkumpel spielen. Am Wochenende, so richtig mit Trikot, Schiedsrichter und um Punkte. Mir als Mädchen ist das nicht erlaubt. Immer wieder diese Ungerechtigkeit. Beim Deutschen Fußballbund ist bis 1970 ganz offiziell ein Verbot für Frauen und Mädchen hinterlegt. Zu »unweiblich«, »gesundheitsschädigend«, heißt es in der Begründung.

Jetzt kommt plötzlich der Trainer zu mir, sagt: »Claudi, wir haben eine Sondergenehmigung bekommen. Du darfst beim Eröffnungsspiel mitspielen. Aber deine Eltern müssen einverstanden sein.«

Ein Kloß im Hals macht sich breit, ich weiß nicht, ob ich lachen oder heulen soll. Kaum öffnet sich die Tür einen Spalt breit, fällt sie auch schon wieder zu.

Niemals würde meine Mutter zustimmen. Das Bolzplatzgekicke kann sie nicht verhindern, aber in einem Verein, das geht ihr zu weit. »Nein, ich habe nein gesagt, und dabei bleibt's.«

Ich quengele immer weiter, bis auch mein Vater ein Machtwort spricht. Ein scheußlicher Moment, ich fliehe in mein Zimmer und heule vor mich hin.

Übermorgen ist der große Tag, ich beschließe, das Verbot zu missachten. Ich will, ich muss da mitspielen. Also fahre ich mit dem Rad schnell rauf zum Sportplatz und sage dem Trainer, alles okay, ich bin dabei. Ich darf!

Frank ist natürlich eingeweiht, er hilft mir beim Versteckspiel. In meinen Turnbeutel stopfe ich die Fußballschuhe, die ich zuletzt von meinem Bruder bekam. Mittlerweile tatsächlich mit Schraubstollen. Ich verstecke den Beutel unter den Kieselsteinen, draußen vor dem Fenster meines Kinderzimmers. Dann verabschiede ich mich oben an der Haustür bei meiner Mutter: »Ich fahre zu Sylvia zum Spielen.« Vorsichtig schleiche ich hintenrum durch den Garten, hole den Beutel. Schnell aufs Fahrrad und weg. Weg aus dem Sichtfeld meiner Mutter.

Die offiziellen Vereinsspiele finden auf dem großen Sportplatz am anderen Ende des Dorfes statt. Ein Ascheplatz, üblich in dieser Zeit. Dass Schraubstollen auf diesem vergleichsweise harten Belag völlig ungeeignet sind, interessiert uns nicht. Wer sie hat, trägt sie trotzdem. Es ist heiß! Der Trainer stellt mich im offensiven Mittelfeld auf. Er kennt mich natürlich, die kleine Schwester vom Frank. Er hält mich auf der Mittelstürmerposition für verschenkt. »Du gestaltest das Spiel. Wenn du genug Kraft hast, kannst du natürlich auch mal reinrücken in den Sturm und selbst schießen«, so die taktische Anweisung des Trainers.

An diesem Nachmittag renne ich wie das Duracell-Häschen. Ich bin überall. Hole mir die Bälle weit hinten ab, spiele sie nach vorne, gewinne Dribblings und schieße aus allen Rohren. Nur der Staub der Asche macht mir zu schaffen. Ich vergesse zu trinken, bin wie in Trance. Nach dem Abpfiff lasse ich mich auf den Boden fallen. Ich sterbe vor Durst, als der Trainer freudig auf mich zukommt. »Das hast du toll gemacht.« Dann muss ich weinen vor lauter Durst. Ja, warum habe ich denn nichts gesagt? Warum eigentlich? Keine Ahnung, ich war einfach abgetaucht in einer anderen Welt. Ich trinke und bin glücklich.

»Aber Trainer, ich bin doch ein Mädchen!« So titelt der Autor des Artikels im Gemeindeblättchen am nächsten Tag. Die Herrschaften des Vereins finden es offenbar lustig, so zu tun, als wüssten sie nicht Bescheid.

»Gelungener Auftakt unserer neuen D-Jugend. Das Eröffnungsspiel war ein großer Erfolg. Unsere Mannschaft konnte mit 2:0 gewinnen, beide Tore erzielte der beste Spieler auf dem Platz. Es war ein Mädchen, es war Frank Neumanns Schwester Claudia.«

Am Samstag liegt das Blättchen bei uns auf dem Frühstückstisch. Meine Mutter ist stinkesauer, weil ich sie belogen habe.

»Claudi war echt klasse«, springt mir mein Bruder zur Seite.

»Darum geht's doch hier gar nicht«, antwortet meine Mutter. Mein Vater hält sich raus.

Ja, worum geht's denn dann? Junge, Junge, Junge!

Irgendwann hat die Badehose ausgedient. Zumindest für Mädchen.

Irgendwann interessieren sich die Jungs für Mädchen, aber weniger für Fußball spielende. Irgendwann verstehe ich, dass hier was zu Ende geht. Mein Lebensinhalt fällt zusammen wie ein zu früh aus dem Ofen geholtes Soufflé.

Schon früh haben meine Eltern gewisse Kreativität gezeigt, mich vom Fußballplatz wegzulocken. Zur Kommunion bekomme ich eine nagelneue Reitausrüstung geschenkt. Hose, Helm, Stiefel, Gerte, die komplette Grundausstattung. Dazu eine Zehnerkarte Reitunterricht im Reitstall Heister in Seelscheid. Die Adresse für alle Pferdeliebhaber in unserer Gegend. Viele Mädchen aus meiner Klasse gehen dort einmal pro Woche hin, drehen ihre Runden: »Gerader Rücken, Fersen tief, ruhige Hand … und Teeeerrrrrabb«, so oder so ähnlich hab ich die Kommandos des alten, strengen Reitlehrers in Erinnerung. Weiße Haare, gegerbte Haut, kariertes Sakko und Schiebermütze. Eine Autoritätsperson für Ross und Reiter. Ab jetzt mache ich mit. Eine gute Weile nicht anstelle des Fußballs, sondern zusätzlich. Aber mit dreizehn oder vierzehn fühlt sich Fußball plötzlich nicht mehr richtig an. Ich hasse es, mir das einzugestehen.

Fußball verfolge ich nur weiterhin als Fan, regelmäßig kicken tue ich nicht mehr. Nichts fühlt sich mehr so leicht an wie in unbeschwerten Kindertagen auf dem Bolzplatz. Unser Familienleben hat sich schleichend verabschiedet, meine Eltern stehen kurz vor der Trennung. Wo gehöre ich hin? Ich suche Orientierung, finde aber immer nur ein Dickicht verworrener Pfade. In der Schule läuft auch nichts mehr von allein. Es gibt Phasen, in denen ich mich gar nicht motivieren kann. Theater-Gruppe, Basketball-AG, alles ist vorbei. Jahre später, beim Klassentreffen, verrät mir ein Lehrer, dass es damals nicht gut um mich bestellt war.

Unser Fortbewegungsmittel Anfang der 1980er ist das Mofa. Fünfundzwanzig Kilometer pro Stunde Höchstgeschwindigkeit, laut Zulassung. Aber die Jungs haben gern ein bisschen dran rumgeschraubt, damit es schneller läuft. Als mein Gas-Zug eines Tages reißt, fummele ich den Draht aus der Halterung und bediene ihn einfach zwischen Lenker und Beinen. Funktioniert auch, aber nur so lange, bis der Dorfstreife meine seltsame Fahrweise ein Dorn im Auge ist. Vielleicht auch, weil ich ohne Licht im Dunkeln fahre.

Anzeige, Verhandlung, Verurteilung. Dreißig Stunden Sozialdienst im Seelscheider Altersheim. Zur Osterzeit. Ich puste gefühlt hunderttausend Eier aus. Ovale Eier, es läuft eben nicht mehr rund.

Die Jahre der Pubertät, der Prozess des Erwachsenwerdens produzieren einige Kratzer und blaue Flecke, so manche Idee endet in der Sackgasse. Von der Komfortzone Kindheit aber bleibt immer die Erinnerung, die Leidenschaft und die Vision, selbst einmal als »Rasende Reporterin« zu arbeiten.

Zurück aufs richtige Gleis bewege ich mich erst nach einer Ehrenrunde in der Oberstufe. Meine Eltern vollziehen ihre Trennung, verkaufen das Haus und stellen mich vor vollendete Tatsachen.

Das tut weh! Ich fühle mich überrumpelt, abgeschoben. Aber der Plan der Eltern ist in Wahrheit absolut durchdacht. Sofort nach meinem achtzehnten Geburtstag bekomme ich meine erste eigene Bude. Mein Vater mietet mir ein kleines Appartement mitten im Ort an, weiterhin in Fußnähe zur Schule.

Einmal kurz geschüttelt, dann sehe ich nur Vorteile in der neuen Situation. Ich bin frei, so frei wie man mit gerade achtzehn sein kann. Mein Wecker geht in den Vorruhestand, denn ich schlafe ab jetzt so lange ich will. Ich esse, wann und was ich mag, meine Bude wird zur Räuberhöhle. Tages- und vor allem Nachtabläufe werden völlig neu definiert. Von heute auf morgen beschließe ich, die Reiterei komplett aufzugeben.

Mit allen möglichen Jobs verdiene ich mir ein paar Mark dazu, denn ich träume vom ersten eigenen Auto, einem VW-Käfer. Immerhin, den Führerschein sponsern meine Großeltern. So schreibe ich nebenbei auch ein paar Artikel für das Extra-Blatt des Rhein-Sieg-Kreises. Man schickt mich zu sportlichen Wettkämpfen, Turnieren aller Art. Das macht mir wahnsinnigen Spaß, ein gutes Gefühl, denn ich habe meinen Berufswunsch »Sportreporterin« ja nie aus den Augen verloren.

Für Frauenfußball kann ich mich in den 1980er-Jahren nicht erwärmen. Bergisch-Gladbach ist in jenen Jahren Seriensieger, der Top-Klub in der höchsten Damen-Spielklasse, wie es ein wenig altbacken heißt. Aus Neugier fahre ich mal vorbei, ist ja nur eine halbe Autostunde entfernt. Mehr als zwei, drei Probe-Trainingseinheiten werden es aber nicht, denn ich mag es nicht. Völlig andere Atmosphäre, es fehlt die verspielte Leichtigkeit. Nur unter Frauen, das bin ich nicht gewohnt, es gefällt mir nicht. Dass dort viele Nationalspielerinnen, auch die spätere Bundestrainerin Silvia Neid, aktiv sind, beeindruckt mich damals noch wenig.

Hürdenlauf

»Agricolae vocat convivae eius«, der Bauer lädt seine Gäste. Was für eine weltbewegende Weisheit. Braucht kein Mensch, ich schon gar nicht! Das Große Latinum, Pflichtfach im Magisterstudiengang, entwickelt sich zum Ärgernis, die Sportkurse am SWI, dem Sportwissenschaftlichen Institut auf dem Bonner Venusberg, sind dagegen die pure Lust.

Endlich wieder Fußball spielen, diesmal sogar explizit erwünscht. Wir sind ein toller Jahrgang.

Das Kopfballpendel sehe ich hier zum ersten Mal. Alles, was ich auf dem Bolzplatz gelernt habe, ist ja autodidaktisch entstanden, Übungsformen, Trainingsstrategien sind neu für mich. Das optimale Timing beim Kopfball, Treffpunkt am höchsten Punkt, ist das Ziel dieser Übung. An die ungewohnte Schwungbewegung des Pendels muss ich mich erst gewöhnen. Erstmals bin ich Teil einer Gruppe, in der man technische und taktische Elemente des Fußballspiels methodisch lernt. Als angehende Sportwissenschaftler ist der didaktische Aspekt für uns natürlich essenziell. Wir lernen Trainingsformen für Schusstechniken, Flanken mit und ohne Schnitt, Ballan- und -mitnahme. Dazu taktische Strategien, verschiedene Grundformationen, Abwehrverhalten und Angriffsoptionen. Verglichen mit dem, was die Fußballtheorie heute bietet, allerdings nicht mehr als Abc-Wissen, maximal das kleine Einmaleins. Damals aber das nonplusultra der Fußballlehre. Der Abschied vom Libero deutet sich an, aber die Innenverteidiger heißen noch Vorstopper. Und genauso agieren sie. Rustikales Bälle-Abräumen, die Blutgrätsche als ultimatives Mittel zur Verteidigung des eigenen Tores. Für die Spieleröffnung sind andere zuständig, der Spielmacher hat nämlich noch alle Zeit der Welt für seine langen Lieferbälle. Wolfgang Overath und Günther Netzer, die Stilikonen der 1970er, sind die Vorbilder aller Spielgestalter, und der Mittelstürmer ist in den 1980ern noch die echteste Neun, die man sich vorstellen kann.

Was mich besonders freut: Während des Studiums bin ich beim Fußballspielen nicht die einzige Frau. Eine Kommilitonin spielt in der Zweiten Bundesliga, also organisiert Frauenfußball. Fand ich bekanntlich doof damals, ein blödes Vorurteil. Jahre später werde ich meine Einstellung mit Demut korrigieren.

Germanistik, Pädagogik und Sport, die Fakultäten sind verteilt über die gesamte Stadt. Für mich erst mal ein chaotischer Orientierungslauf. Bonn ist damals noch Bundeshauptstadt, entwickelt in den 1980er-Jahren einen ganz eigenen Charme. Eine Melange aus politischem Machtgehabe und Studentenprotest. Die Friedensbewegung hat ihr Epizentrum im Hofgarten des Unihauptgebäudes. Hunderttausende, überwiegend im modischen Einerlei eines grünen Parkas plus Palästinensertuch versammeln sich am Wochenende zu Demonstrationen gegen Aufrüstung und Atomraketen.

Begegnungsstätte Südstadt. Ein Viertel genau zwischen Studentenbetrieb und politischem Machtzentrum am Adenauerufer. Bei Kölsch und 'nem Halven Hahn ein Stelldichein in der Ständigen Vertretung, einer Bonner Szenekneipe. Tatsächlich ein spannendes Szenario, oft dominiert von den jungen Aufsteigern der Grünen. Die Anfänge der Ökobewegung, der Beginn der Frauen in der Bundespolitik. Petra Kelly ebnet den Weg der Grünen, wird eine der ersten starken Frauen im bis dahin traditionell von Männern dominierten Deutschen Bundestag.

Unangenehm wird's in Bonn bei Staatsbesuchen. Deutschlands Politik der inneren Sicherheit ist immer noch stark geprägt vom Terror der RAF. SEK und GSG 9 werden regelmäßig rekrutiert zur Absicherung von hohen Staatsgästen. Wir Studenten kennen das Sicherheitskonzept im Stadtverkehr recht schnell, welche Straßenzüge wie lange abgesperrt werden, und wo wir durchschlüpfen können. Geduld ist unumgänglich. Speziell der Weg zum SWI rauf

auf den Venusberg wird an solchen Tagen zum Horror, mit drei verschiedenen Wegesperrungen hintereinander. Aus der Stadt kommend gibt es nur dieses eine verdammte Nadelöhr.

Auch der Hürdenlauf durchs Studium hat Höhen und Tiefen, im wahrsten Sinne des Wortes. Die Hürden über 100 Meter in der Leichtathletik treiben mich zeitweise in die Verzweiflung. Natürlich komme ich locker drüber, aber die technische Anforderung des Dreier-Rhythmus verlangt mir jede Menge Geduld, Trainingsfleiß und einen Schuss Kreativität ab. Dieses Bestreben treibt mitunter seltsame Blüten. Im Mallorca-Urlaub schleiche ich mich früh am Morgen raus zum Strand, um imaginäre Hürden zu springen. Präzise Markierungen im Sand zeigen mir die Hürdenabstände, die Luftsprünge müssen affig ausschauen. Aber es hilft, irgendwann hab ich's raus. Erkenntnisgewinn inklusive: Beharrlichkeit führt zum Ziel.

Aus den Kinderschuhen entwachsen, passen die neuen, die, die ich mir jetzt selber leisten kann, ganz gut. Mein Selbstverständnis, auch als Frau gelegentlich die Fußballschuhe zu schnüren, ist unerschütterlich geworden.

Die Aufmerksamkeit, die Menschen einer Fußball spielenden Frau unter Männern widmen, schmilzt gefühlt zur Randnotiz. Gelegentlich Verwunderung, häufig eher Neugier, was mir in jenen Jahren alles so begegnet auf den Bolzplätzen rund um den Globus. Ich reise und jobbe in den Semesterferien, erweitere meinen Horizont und gelegentlich auch den anderer.

In den USA sind kickende Frauen längst Kulturgut, im Ferienklub auf der griechischen Insel erspiele ich mir als Teilzeit-Animateurin den Spitznamen »Klinsfrau« und im israelischen Kibbuz sind die Vorbehalte auch nur von kurzer Dauer.

Plötzlich empfinde ich tatsächlich wertvolle, verbindende gesellschaftliche Elemente im Fußball. Viele Jahre, bevor die Macher des großen Fußballgeschäfts die Strahlkraft dieses Sports für unendlich relevant erachten.

Im Fußballfieber oder jetzt will ich's wissen

Kein Fußballfan, der ihn erlebt hat, vergisst jemals diesen Tag. Es ist der 8. Juli 1990. Die Welt blickt am Abend nach Rom, wo das große WM-Finale zwischen Deutschland und Argentinien stattfinden wird. Für die deutsche Nationalmannschaft und deren Teamchef Franz Beckenbauer wird es die magischste Nacht seit 1974, dem letzten deutschen Weltmeistertitel. Und entgegen der euphorischen Beckenbauer-Ansage, mit Hereinnahme der ehemaligen DDR-Spieler sei diese Mannschaft »auf Jahre unschlagbar«, dauert es fast ein Vierteljahrhundert bis zur Wiederholung eines solchen Triumphs.

Das Fieber steigt an jenem sonnenüberfluteten Sonntag von Stunde zu Stunde.

Am Abend findet das Fernsehfinale bei mir statt, in meiner kleinen Einliegerwohnung im Grünen. Auf der

Terrasse werfen wir den Grill an, die Mädels haben Salate gemacht, das Kölsch schleppt Andreas an. Wir schaukeln uns, wie sich das für Rheinländer gehört, in Stimmung: »Da simmer dabei, dat is priiiima, Viva Colonia!«

Der Kaiser gibt sich die Ehre. Seit sechs Jahren quasi eine Notlösung (»Bitte, lieber Franz, rette die Fußballnation«), werkelt Franz Beckenbauer am Erfolg, kratzt gleichzeitig immer mal wieder bedrohlich an seinem Denkmal. Soll heißen, nicht alles, was der Kaiser so anpackt, bedeutet gleich spürbare Veredelung. Doch nun hat er die deutsche Nationalmannschaft ins WM-Endspiel geführt. Kein ungewöhnlicher Weg für Deutschlands Elite-Kicker, schließlich ist es die dritte Finalteilnahme nacheinander. Doch diesmal ist es anders, ganz anders als 1982 und 1986. Gegen Italien vor acht und Argentinien vor vier Jahren war Deutschland letztendlich chancenlos, nach ohnehin durchwachsener Turnierleistung.

Diesmal hat die Elf um Matthäus, Völler und Klinsmann von Beginn an überzeugt. Und im Finale fügen sich die Dinge, wie sich das jeder deutsche Fußballfan gewünscht hat. »Diego« Buchwald legt das Original Maradona, seinerzeit ein Fußballgott mit überirdischen Fähigkeiten und unterirdischen Sinnen, an die Kette. Und Matthäus' Schuh offenbart zum richtigen Zeitpunkt Materialschwächen. So versenkt Andi Brehme den entscheidenden Schuss aus elf Metern, Deutschland ist zum dritten Mal in der Geschichte Fußballweltmeister.

Des Kaisers vermeintlich einsamer Moment in der Nacht von Rom wird zum Sinnbild seiner Mission. Er hat's getan, wieder einmal. Franz Beckenbauer, der wohl größte deutsche Fußballer aller Zeiten, ist sowohl als Spieler Weltmeister geworden als auch als Teamchef. Der Mann kann übers Wasser laufen.

Das will ich jetzt auch. Mit dem Abpfiff kennt meine Euphorie keine Grenzen mehr. Wir sind Weltmeister, jetzt geht die Party richtig los. Ein paar Kölsch sind weggedrückt, aber nun zieht's mich raus, den Titel feiern und mit allen teilen. Doch kaum ist die Siegerehrung vorbei, merke ich, dass ich da allein auf weiter Flur bin. Die anderen sind bedient, im wahrsten Sinne des Wortes. Satt, genügsam, aber keinesfalls verrückt vor Freude. Weil keiner mehr raus will, mit mir durch die Dorfkneipen trällern, bin ich ein bisschen beleidigt. Es will sich mir nicht erschließen, wie der Puls schon wieder auf Normalwert sinken kann.

Auch mein damaliger Freund widersetzt sich. Gut, er macht beim Fußball immer nur gute Miene zum langweiligen Spiel, ist alles andere als ein Fußballfreak. Das muss ich hinnehmen, aber an jenem Abend bringt's das Fass förmlich zum Überlaufen: »Schluss, aus, Ende!«, rufe ich ihm fast beiläufig zu, nicht ahnend, dass ich ihm einen willkommenen Joker liefere.

Ich gehe raus, allein, treffe alle meine Brüder und Ballverwandten. Wir feiern, singen und tanzen auf der Straße. Die vermutlich erste Fan-Meile Deutschlands. Ich fühle mich wie im siebten Himmel, auch weil mein Entschluss feststeht: Tags darauf schreibe ich die erste Bewerbung. Jetzt ist der Zeitpunkt reif. Nichts fixt mich augenblicklich mehr an als der Berufswunsch Sportreporterin. Ich will dabei sein, so nah wie möglich.

3:0

ran, Baby, ran

Aufbruchsstimmung bei den Privaten

Keine drei Wochen, nachdem ich den Brief in den Kasten geworfen habe, kommt die Antwort. Der Absender »RTLplus Sportredaktion« lässt mein Herz klopfen. Da ist das Ding: öffnen oder warten? Ich trau mich nicht! Dieses aufregende Gefühl, wenn sich Hoffnung auf die Zusage und Panik vor einer Absage vermischen. Mit niemandem habe ich über meine Praktikumsbewerbung bei RTL gesprochen, wahrscheinlich aus Angst davor, eine mögliche Enttäuschung teilen zu müssen.

Ich reiße den Brief auf. Wie so oft fehlt mir die Ruhe, die Zeilen sorgfältig zu lesen. Meine Augen wandern sofort auf den letzten Absatz. »Bitte melden Sie sich in unserem Sekretariat, um den nächstmöglichen Zeitpunkt für Ihr Praktikum in der RTLplus-Sportredaktion zu besprechen.« Der Puls rast.

Yes, Yes, Yes! Der Vogel ist gelandet! Von diesem Augenblick bin ich mir sicher: Ich habe den Fuß in der Tür, und da werde ich ihn auch nicht mehr rausnehmen. Einerseits naiv, andererseits die wahrscheinlich beste Einstellung.

Ulli Potofski ist der Chef dieser jungen Sportredaktion. Der Sender RTL, der erste private in Deutschland, ist damals längst noch nicht in jedem Haushalt zu empfangen, in meinem leider auch nicht. RTL ist in unserer Gegend nur in Seelscheid zu empfangen. Noch im Januar '91 fahre ich mitten in der Nacht von Neunkirchen rüber nach Seelscheid, zu meiner Mutter, die ja mittlerweile dort im fünf Kilometer entfernten Nachbarort lebt. Sie ist verreist zum Skifahren, ich übernehme das Housekeeping, gieße die Pflanzen und schaue nach dem Rechten. Und in jener Nacht vor allem das Australian-Open-Finale mit Boris Becker.

Es ist die Frühphase der Programmvielfalt im deutschen Fernsehen. Was ich Jahre zuvor schon in den USA erlebt habe, beginnt nun auch in Deutschland. Die privaten Fernsehsender machen dem öffentlich-rechtlichen System mächtig Dampf und verändern die deutsche TV-Landschaft signifikant. Es ist der Beginn des Millionengeschäfts mit Übertragungsrechten von sportlichen Großereignissen, auch der Siegeszug des Trash-TVs in deutsche Wohnzimmer.

Schon beim Betreten des Gebäudes in der Aachener Straße in Köln merke ich, dass hier alles anders ist.

Die Stimme von Ulli Potofski kenne ich schon vom Hören. Er war Moderator bei Radio Luxemburg, einem im Rheinland sehr verbreiteten Radiosender, aus dem der Fernsehsender RTLplus hervorgegangen ist. Was für ein lockerer Typ, denke ich, als ich ihm in seinem Büro erstmals gegenübersitze. Potofski ist ein kreativer Medienmann, der erste, der die journalistisch geprägte Berichterstattung des Sports mit unterhaltsamen Elementen garniert. Eine seinerzeit völlig neue Herangehensweise, die in der Bundesligasendung Anpfiff mündet. RTLplus besitzt die Übertragungsrechte an den Freitagspielen, erstmals ein Konkurrenzprodukt für die ARD-Sportschau und das Aktuelle Sportstudio im ZDF.

Potofski baut sofort persönliche Brücken, beim Privatfernsehen gehört das »Du« zum guten Ton. Gefällt mir. Der Chef erklärt mir die Redaktionsabläufe und schickt mich rein in die Höhle der Löwen. Der Ruf der Journalistenbranche ist nicht der netteste. Persönliche Eitelkeiten mit übermäßigem Ellbogeneinsatz werden kolportiert. Zu Unrecht nach meinem ersten Eindruck. Nichts kann mir meinen Traum vernebeln. Ein Hauch Blauäugigkeit steckt wahrscheinlich in jeder Begeisterung.

Die RTL-Redakteure sind fast alle noch sehr jung, kommen sozusagen von gegenüber. Auf der anderen Seite der Aachener Straße liegt nicht nur das Müngersdorfer Stadion, die Heimat meines FC, sondern auch das weiträumige Gelände der Deutschen Sporthochschule. Viele haben dort Sport und Kommunikationswissenschaften studiert.

Ulrike und Alexander von der Groeben, Burkhard Weber, Wilfried Mohren sind damals die etablierten Kräfte. Kai Ebel, Markus Höhner, Christian Sprenger, Andreas Spellig, Klaus Jakob eher die jungen Wilden. Alle mehr oder weniger in meinem Alter. Mitte zwanzig, sie sind mir eine Nasenlänge voraus, aber es macht mich nicht nervös, spornt mich eher an. Ich habe ein wohliges Empfinden, alles fühlt sich richtig an.

In den ersten Tagen überkommt mich ein Begeisterungsflash nach dem anderen. Ich versuche, die Abläufe in der Entstehung einer Sendung zu begreifen, von der Themenauswahl über die Recherche, die Dreharbeiten, den Filmschnitt bis hin zur Präsentation im Studio. Ich helfe den Reportern bei ihrer Spielvorbereitung. Artikel und Informationen kopieren, ausschneiden, entsprechend zusammenstellen. Und immer wieder die Diskussionen über die Leistung von diesem oder jenem Spieler, wer hat Potenzial, wer wird überschätzt?

Als ich eines Tages über den Düsseldorfer Ralf Loose, Juniorenweltmeister von ’81, referiere, wird es still im Raum. Ich kann mich heute nicht mehr dran erinnern, wie ich auf Loose kam. Ich fand ihn gut aussehend, und sein Spiel war sehr elegant. Aber Anfang der 1990er ist er eben keiner der Topstars, eher ein solider Mitläufer, der den großen Sprung vom Talent zum A-Nationalspieler nicht geschafft hat. Das allgemeine Staunen bleibt mir nicht verborgen. Weder Potofski noch die Kollegen hatten offenbar bis dahin die Vorstellungskraft, dass Frauen so tief in dieser Fußballfach-Materie stecken könnten. Irgendwie putzig, denn Ralf Loose entwickelt sich für mich zu einer Art Eintrittskarte in die TV-Fußball-Berichterstattung. Noch vor Ablauf meines Praktikums eröffnet mir Ulli Potofski die Möglichkeit, als freie Mitarbeiterin für RTL weiter zu arbeiten: »Wer so viel über Ralf Loose weiß«, sagt er, »den können wir nicht ziehen lassen.«

Perspektivwechsel

An den Wochenenden darf ich mit ins Stadion. Der Schritt vom Fan zur Berichterstatterin führt mich durch die Katakomben hinein in den Stadioninnenraum. Damals überall noch ausgestattet mit einer Tartanbahn für Leichtathletikveranstaltungen. Was für eine fantastische Perspektive, mein Blickwinkel erfährt den entscheidenden Wechsel. Mittendrin statt nur dabei, könnte man meinen. Ich bin im gleichen Alter wie die Fußballer. Die Zeit vor dem Anpfiff nutzen die Reporter gelegentlich zu einem kleinen Spielchen auf der Tartanbahn. Ein fehlgeleiteter Ball der Profis beim Warmmachen landet bei uns, und zack kicken wir uns das Ding mit Volleys zu, bis einer den entscheidenden Fehler macht. Niemand stört sich dran, im Gegenteil, hin und wieder kommt ein Spruch vom Trainer, je nach Qualität unserer Darbietung.

Während der Spiele stehe ich hinterm Tor neben dem Kameramann, sitze auf der Pressetribüne neben dem Reporter oder im Schnittmobil neben dem Cutter. Von ihnen lerne ich das notwendige Know-how für das gewünschte Endprodukt, die mehrminütige Zusammenfassung eines Fußballspiels.

Der ganz große Boom hat noch gar nicht begonnen, aber ich bekomme eine erste Ahnung, in welche Richtung es gehen wird. Der Fußball beginnt seinen Aufstieg in andere Sphären. Er entwickelt eine enorme Anziehungskraft in alle Richtungen.

Noch bevor der 1. FC Kaiserslautern, ausgerechnet nach einem 6:2 in Köln, seinen Meistertitel feiert und RTLplus seine letzte Anpfiff-Sendung ausstrahlt, bekomme ich ein Jobangebot.

Manni Müller, ehemaliger Bundesligatorhüter von Bayern und Nürnberg, ist einer der wichtigsten Köpfe im Bereich der Bundesliga-TV-Produktionen. Angefangen hat er mit einer vergleichsweise kleinen TV-Produktionsfirma in Nürnberg, die sich auf mobile Endproduktion konzentriert. Wohlwissend, dass dieser Markt gerade geöffnet wird und Entwicklungspotenzial hat. Jener Manni Müller organisiert in dieser spannenden Phase der rasant steigenden Bedürfnisse auch das freiberufliche Personal für diverse Privatsender. Regisseure, Kamerateams, Techniker aller Art und eben MAZ-Redakteure, meine Jobbezeichnung während meiner freien Mitarbeit bei RTL. So unterbreitet er auch mir ein Angebot, ab dem Sommer 1992 für die neue Fußball-Show »ran« von SAT.1 zu arbeiten.

Der Übertragungsrechte-Zyklus für RTLplus läuft im Sommer '92 aus. Der Pay-TV-Anbieter Premiere übernimmt ein beachtliches Rechtepaket, beginnt sogar mit einem Live-Spiel pro Spieltag. Auf der einen Seite eine TV-Sensation, andererseits steckt das Bezahlfernsehen in Deutschland noch so sehr in den Kinderschuhen, dass die Reichweite doch sehr marginal bleibt.

Anders verhält es sich beim frei empfangbaren Fernsehen. Immer mehr Haushalte haben in ihren TV-Listen Sender wie RTLplus, SAT.1 oder ProSieben einprogrammiert. Kabel oder Satellit machen es möglich. SAT.1 startet seine Publikums-Charmeoffensive mit einem unfassbaren

Schätzchen. Für die Bundesliga-Übertragungsrechte hat der Sender tief in die Tasche gegriffen, das hätte kaum einer für möglich gehalten und kommt einer Revolution gleich. Die hohen Herren der ARD-Sportschau, so erzählte man alsbald, seien fast in Ohnmacht gefallen, daran hätte niemand geglaubt. Ein tektonisches Beben auf dem deutschen Fernsehmarkt.

Das Aus für die heilige Kuh, die ARD-Sportschau, der Beginn einer neuen Zeitrechnung in der TV-Bundesliga-Berichterstattung. Mit der Sendung »ran« schreibt SAT.1 unter Leitung des genialen Sportchefs Reinhold Beckmann Fernsehgeschichte. Erstmals werden alle Bundesligaspiele vom Freitag und aktuell des Samstags in üppiger Länge innerhalb einer Sportsendung gezeigt. Einer Show mit Publikum, in unterhaltsamer, geradezu jugendlicher Sprache, einer nie zuvor da gewesenen Bildervielfalt und mit unheimlich viel journalistischer Kreativität. Einige Kollegen entwickeln eine für damalige Verhältnisse ungewohnte Interviewtechnik. Alles wird frischer, frecher, unkonventioneller. Redaktionell kommen jetzt noch die Bild-Regisseure und die MAZ-Redakteure hinzu. Letztere verantworten den Zusammenschnitt der Fußballspiele auf inhaltlicher Ebene. Sie werden von Manni Müllers Firma bestellt, bezahlt und disponiert. Diese Tätigkeiten werden also von freien Mitarbeitern erledigt, ganz im Unterschied zu den Arbeitsverteilungen bei den Öffentlich-Rechtlichen, wie ich später lerne.

Der erste Spieltag der Saison '92/'93. Ältere Fußballfans und Zuschauer erinnern sich vielleicht: Die rote Jeansjacke von Moderator Reinhold Beckmann steht im Mittelpunkt der »ran«-Premiere.

Reinhold Beckmann präsentiert mit Verve und zwischen den Spielberichten überraschen Live-Interviews per Schalte. Im Studio sitzt ein begeisterungsfähiges, Fußball-affines Publikum. Auffällig auch die ungewöhnliche Bildgestaltung der Spielberichte. Ein deutlich erhöhter Kameraeinsatz ermöglicht so manch abseitigen Blick. Eingefangene Emotionen von Spielern, Trainern und Zuschauern lassen auch das Studiopublikum nicht kalt.

Einer der beiden MAZ-Redakteure sitzt oben beim Reporter, ist sein direktes Sprachrohr, so dass der sich so ausgiebig wie möglich auf das Spiel konzentrieren kann. Der andere sitzt unten im Schnittmobil an der Seite des Cutters. Hier entsteht der Zusammenschnitt, der »Mazer« passt auf, dass die redaktionellen Vorgaben stimmen und die Bildschnitte logisch sind. Mit Anpfiff des Spiels beginnt der Wettlauf gegen die Zeit. Bei meinem ersten Mal sitze ich unten im Schnittmobil, sorge dafür, dass alle Szenen von Belang zügig aneinandergeschnitten werden. Dass der Cutter auf wichtige Schnittregeln achtet, zum Beispiel muss am Ende einer Spielszene in der Bild-Totalen immer ein sogenanntes Close-Bild hinzugefügt werden. Zumeist eine Einstellung des Schützen, des Torwarts, des Trainers oder ein Fan-Zwischenschnitt. Die gesamte Technik kommt damals natürlich noch analog daher, erst in den 2000er-Jahren findet die Umstellung auf digitale Bearbeitung statt.

Kein Hexenwerk, aber alles entsteht unter Zeitdruck, denn der Zusammenschnitt sollte bestenfalls mit Schlusspfiff der Partie fertig sein, damit der Reporter seinen Text noch verfeinern und auf die Bildfolge abstimmen kann. Später hängen wir die Interviews dran, die die Field-Reporter nach dem Spiel führen.

Die Sendung beginnt um achtzehn Uhr, für den ersten Spielbericht bleibt also nicht allzu viel Zeit, denn es wird grundsätzlich live kommentiert, die Sprachaufnahme nicht vorher aufgezeichnet.

Eine gute und eine schlechte Nachricht

Ich beginne mich journalistisch weiterzuentwickeln. Die Wochenenden gehören der Stadionberichterstattung, aber an den Werktagen habe ich noch Kapazitäten. Ich möchte selbst Beiträge machen, so wie ich das schon bei den RTL-Kollegen erlebt habe.

Praktischerweise kann ich hierfür das SAT.1-Regionalbüro Bonn nutzen. Um eine regionale Nähe zu den Bundesligaklubs herzustellen, ist das Personal der »ran«-Redaktion über ganz Deutschland gut verteilt. Neben der Hauptredaktion in Hamburg gibt es Regionalbüros in Berlin, Dortmund, Bonn, Mainz und München. Bei den wichtigsten Vereinen sind wir fast täglich beim Training mit Kamera und Reporter vertreten, auf der Suche nach Themen und Geschichten. Die Bundesliga-Berichterstattung findet bei SAT.1 längst nicht mehr nur am Wochenende statt, sondern auch im Nachrichtenformat »täglich-ran«. Der Fußball wird so langsam zum ständigen Begleiter der bundesdeutschen Haushalte.

Kurz vor Heiligabend, im Dezember '92, ist es so weit. Mein erster eigener TV-Beitrag steht kurz vor der Versendung. Er ist vorgesehen für die »täglich-ran«-Ausgabe. Fast dreieinhalb Minuten, das ist eine stattliche Länge für ein Nachrichtenformat. Aber, er muss noch »abgenommen«, also redaktionell überprüft werden, bevor er auf Sendung darf. Uli fehlt. Er wollte längst zurück sein, hatte noch ein paar wichtige Dinge in Bonn zu erledigen, am Tag vor Weihnachten. Wo bleibt der Chef bloß?

Der Beitrag über die Gemeinschaft Fußball spielender Kinder und Jugendlicher aus aller Herren Länder ist fertig geschnitten und getextet. Bonn-Bad Godesberg, damals Heimat zahlreicher Diplomatenfamilien, ist ein Vorbild an funktionierender Multikulti-Kultur. Kinder aus Indien, Pakistan, Ghana oder dem Senegal spielen gemeinsam mit den deutschen Nachbarn Fußball. Schon damals achten Eltern, Lehrer und Fußball-Verantwortliche auf spielerisch funktionierende Integration. Zwei Drehtage, zwei Schnitttage, zuvor jede Menge Recherche in der Vorbereitung, es ist ein aufregendes Gefühl beim ersten Mal.

Die Zeit drängt, der Beitrag ist fest eingeplant im Programm, aber er muss noch vertont werden. Da ich noch kein Sprachtraining absolviert habe, soll das sicherheitshalber vom Profi, also von Uli Voigt erledigt werden. Wo bleibt der Kerl? Eigentlich ist verabredet, dass ich meinen Text zumindest einmal sprechen darf, um zu schauen, auf welchem Niveau sich meine Sprachaufnahme bewegt. Immer wieder versuchen Anja, die Sekretärin, und ich ihn telefonisch zu erreichen. Der Mobilfunk ist noch eine Abenteuerleitung. Riesige Geräte, Empfang regelmäßig gestört.

Die Bürotür wird aufgerissen, endlich: »Kein Stress, da bin ich, alles wird gut.« Der Chef hat die Ruhe weg, oder er tut wenigstens so. Noch eine Stunde bis zur Sendung. Ab in die Synchro, eine Art Tonstudio, in der die Sprachaufnahme gemacht wird. Ich darf doch noch einen Versuch starten. Zum Erstaunen aller schaffe ich den Text ohne einen Versprecher. Kein Wunder, ich kann ihn fast auswendig, so oft habe ich ihn zur Übung runtergebetet. Als der Tontechniker im Nebenraum das Mikro zuzieht, sehe ich ein breites Grinsen durch die Scheibe. Daumen hoch! Uli ist angetan von meiner Sprachaufnahme, winkt das Werk so, wie es ist, durch. Sendefähig! Stolz wie Oskar fahre ich heim.

Das Lob aus Hamburg erreicht mich erst nach den Weihnachtstagen. Pflege und Aufzucht in Bonn sei vielversprechend. Verbunden mit dem Angebot, noch ein Praktikum in der Zentrale dranzuhängen. Die Sendungsmacher – allen voran Michael Lion, stellvertretender Sportchef, der Mann, der Tausendsassa Reinhold Beckmann den Rücken freihält – wollen mich besser kennenlernen. Mich, meine Fähigkeiten, Defizite, Persönlichkeit. Eine Tauglichkeitsprüfung für die nächste Stufe. Mir ist kein Weg zu weit.

In jenen vier Wochen Hamburg fügen sich die letzten Mosaiksteinchen. Ich erlebe das »Sendung machen« von der anderen Seite. Chef vom Dienst, Ablaufredakteur, Beitragsmacher, Moderator, Regisseur und eine Handvoll redaktioneller Mitarbeiter arbeiten eine ganze Woche lang an einer »ran«-Ausgabe. Für »täglich-ran« darf ich regelmäßig Beiträge und NiFs machen. Das sind Nachrichten im Film, oft sehr aktuell, heißt, beispielsweise ein Tennismatch von Boris Becker in einer Sendeminute zusammenzufassen.

Einmal pro Woche treffen sich die Redakteure, Reporter und Moderatoren zum Spaß-Kick im Hamburger Stadtwald. Natürlich bin ich dabei. Einige Kollegen nehmen die Veranstaltung viel zu ernst, Wettbewerbskicker eben. Sie können nicht aus ihrer Haut. Doch der Feierabendcharakter dominiert. Ich fühle mich gut integriert, auf und außerhalb des Platzes.

Nach Beendigung meines Praktikums in Hamburg bewerbe ich mich auf eines der beiden Volontariate. Das erscheint mir logisch. Wenige Wochen später der Anruf von Michael Lion, er zitiert mich zu einem persönlichen Gespräch nach Hamburg. Ich treffe ihn gemeinsam mit Alex von der Groeben, den ich ja schon bei RTL kennengelernt hatte. Lion ist so etwas wie die graue Eminenz. Wenn er seine voluminösen Augenbrauen hochzieht, breitet sich bei seinem Gegenüber automatisch eine leichte Angespanntheit aus. Ich bemühe mich, locker zu bleiben und meine Nervosität zu kaschieren.

»Ich habe eine gute und eine schlechte Nachricht für dich. Was möchtest du zuerst hören?« Lions sonore Stimme wirkt ernst.

O je, durchfährt es mich, ich glaube, ich gehe hier mit leeren Händen heim.

»Die schlechte«, höre ich mich murmeln, schaue dabei

beiden Männern abwechselnd ins Gesicht. Michael Lion verzieht keine Miene, antwortet stattdessen ohne jeglichen Tonfall des Bedauerns: »Das mit dem Volontariat hat leider nicht geklappt.«

Peng, das sitzt! Man muss wissen, in jener Zeit sind Festanstellungen noch üblich in der Fernsehbranche. Praktika, redaktionelle Mitarbeit schön und gut. Ein Volontariat ist die letzte Ausbildungsstufe zum Redakteur, das ist letztendlich für alle das Ziel. Ohne Volontariat kann man eine spätere Festanstellung in der Regel vergessen. Vor lauter Enttäuschung vergesse ich, nach der guten Nachricht zu fragen. Lion kommt mir zuvor, mit einem entspannten, verschmitzten Lächeln im Gesicht höre ich ihn sagen: »Du bekommst direkt eine feste Redakteursstelle!«

Reporter, Kommentator, Moderator – wer macht eigentlich was?

Hinter jeder Sportübertragung steckt ein fest eingespieltes Ensemble an Personal. Aber wer macht hier eigentlich was? Auch wenn sich über die Jahre die Ausbildungswege von Sportjournalisten sehr verändert haben, Ziel aller ist im Normalfall erst mal, *Redakteur* zu werden und sich journalistisches Basiswissen anzueignen. (Der Einfachheit halber wähle ich bei allgemeinen Beschreibungen die männliche Form, tendenziöse Ableitungen daraus unerwünscht.)

In meiner Zeit heuern die meisten Kandidaten mit der Erfahrung eines Magister- oder Lehramtsstudiums an. In

Ermangelung ausreichender Journalistik-Studiengänge. Ein längst ausgeglichenes Defizit, akademische Ausbildungswege für Medienberufe bieten heute fast alle namhaften Universitäten an.

Allgemeines Sportinteresse mit praxisnahem Bezug ist damals wie heute eine unausgesprochene Voraussetzung. Ein ausgeprägtes Sprachgefühl ist genauso wenig verkehrt wie das Gespür für Themen und eine sichere Orientierung, bei Nachrichten Wichtiges von Banalem unterscheiden zu können.

Kriterien, die in Print, Hörfunk und Fernsehen verschiedentlich Anwendung finden, denn es macht natürlich einen Unterschied, ob ich eine Geschichte lese, höre oder sehe. Gelungene Bild- und Sprachgestaltung ist dann in der Regel eine Sache von Erfahrung und Talent.

Reporter sind alle Kollegen, die Beiträge machen, also über Ereignisse berichten, egal ob im knappen Nachrichten- oder im ausführlicheren Reportage-Format. TV-Reporter basteln Bild und Wort schlüssig zusammen. Für längere Reportagen drehen sie den Großteil des Bildmaterials mit einem sogenannten EB-Team (Zwei-Mann-Team mit portabler Kamera und Ton; EB steht für »elektronische Berichterstattung«) vorher selbst. Diese Art der TV-Berichterstattung ist für Einsteiger, für Jungredakteure zumeist das erste Ziel.

Regisseure sind jene Leute, die bei der jeweiligen Sendung die Bildgestaltungsverantwortung haben. Bei Studiosendungen wie zum Beispiel dem Aktuellen Sportstudio arbeitet der Regisseur mit dem Sendungsleiter an der Struktur der Sendung. Er ist für alle Bildeinstellungen verantwortlich, wann wird wer aus welcher Perspektive gezeigt? Glauben Sie bloß nicht, dass der Moderator sich beliebig frei bewegen kann. Jeder Schritt, jede Position ist zentimetergenau festgelegt, sonst passt das Bild nicht, und Sie sehen Sven Voss beispielsweise nur von hinten. Das wäre schade!

Der *Bildregisseur* eines Fußballspiels hat einen hoch anspruchsvollen Job. Heute wird eine Partie durchschnittlich mit fünfzehn bis zwanzig Kameras abgebildet. Die Führungskamera beobachtet immer das Spielgeschehen in Ballnähe aus einer eher totalen Perspektive, seitlich erhöht, mittig des Platzes. Daneben steht im Normalfall die sogenannte Kamera Zwei, sie bildet die Spieler close, heißt in Nahaufnahme ab. Den Jubel eines Torschützen erlebt der Zuschauer dann in Nahaufnahme. Hinzu kommen Hintertor hoch und flach, die Abseitskameras, die für Zwischenschnitte der Trainer, Slo-mo- und Super-Slo-mo-Kameras. Die alle in eine sinnvolle Abfolge zu bringen, ohne eine wichtige Szene, ein starkes Bild zu versäumen, liegt in der Verantwortung des Regisseurs. (Wenn Sie zu Hause einen 65-Zoll-Flachbildschirm haben, sitzen Sie in Wahrheit in der ersten Reihe, nicht der Stadionbesucher. Sehen alles näher und schärfer als wir Dampfplauderer am Mikrofon.)

Der *Moderator* ist das Gesicht der jeweiligen Sendung, der Präsentator.

Er steht vor der Kamera, verbindet die einzelnen Sendungselemente mit Informationen, Interviews und Anmoderationen, entweder im Studio oder an der Wettkampfstätte. Der Wiedererkennungswert von Moderatoren ist logischerweise am größten, er ist im wahrsten Sinne des Wortes der Kopf der Sendung, der direkte Draht zum Zuschauer.

Der *Kommentator* ist eine spezielle Form des Reporters. Das fußball-fachliche Rüstzeug ist für sie oder ihn tatsächlich nur die Basis. Das Handwerk einer TV-Live-Kommentierung gilt vielen als die Königsdisziplin der Reportage. In Echtzeit wird das Spielgeschehen begleitet, eingeordnet, kritisiert. Persönliche Meinung, Interpretation explizit enthalten im Gegensatz zu anderen Reportage-Formen, die ausdrücklich faktenorientiert bleiben. Der Zuschauer hat beim Live-Kommentar die Bildquelle ebenso zur Verfügung, gewinnt Eindrücke im exakt gleichen Augenblick wie der Kommentator. Divergenzen in Wahrnehmung und Einordnung nicht ausgeschlossen.

Mein Tor zur Welt

Die erste »ran«-Saison endet erfolgreich und aufregend zugleich. Nach anfänglicher Skepsis, die sich drolligerweise an Beckmanns roter Jeansjacke aufgehängt hat, erntet die Redaktion viel Lob, die Einschaltquoten sind großartig. Ich persönlich fühle mich im siebten Himmel, bin dort angekommen, wo ich immer hinwollte. Dass ich die Einzige aus dem großen Pool vieler ungeduldiger MAZ-Redakteure bin, der nach nur einer Saison der Sprung hinein in die Redaktion gelungen ist, wird mir erst später bewusst. Dies nur als kleiner Sidekick für alle Skeptiker, die Frauen einen beschwerlicheren Weg unterstellen. Mit einer riesigen Sommerparty auf dem Gelände des Studio Hamburg feiern alle Mitarbeiter die facettenreiche erste Saison und den Deutschen Meister Werder Bremen.

Mit Sack und Pack in die Hansestadt. Vom Fünftausendseelenörtchen Neunkirchen ziehe ich in die Millionenmetropole Hamburg.

Ich werde der »täglich-ran«-Redaktion zugeordnet. Alex von der Groeben wird der Chef dieser Sportnews-Abteilung. Sein Wechsel von RTL zu Sat.1 erklärt auch seine Anwesenheit beim Gespräch mit Michael Lion einige Wochen zuvor. Ich mache Beiträge, lerne den CvD-Job vornehmlich beim Frühstücksfernsehen in Berlin und darf auch für unsere Top-Wochenendsendungen »ran« und »ranissimo« als Beitragsmacherin und Interviewerin arbeiten.

Gaby Papenburg ist die einzige Moderatorin. Zunächst von »täglich-ran«, später moderiert sie die Freitagsausgabe von »ran«. Den medialen Begleitservice um die erste Frau in dieser Position nehme ich persönlich kaum wahr. Ist nicht mein Thema. Als Beitragsmacherin ist Annett Pilawa eine Koryphäe. Sie hat stets ihre eigenen kreativen Ansätze beim Storytelling. Von ihr kann ich diesbezüglich einiges lernen. Annetts jüngerer Bruder Jörg eifert zu dem Zeitpunkt noch fleißig hinterher in der Medienbranche, heuert aber später auch bei »ran« an, ehe er sich dann als einer der ganz Großen in der TV-Unterhaltung etabliert.

Darüber hinaus empfinde ich es Anfang der 1990er-Jahre als ziemlich normal, dass es weit mehr Männer als Frauen in der Fußballberichterstattung gibt. Alle männlichen Kollegen haben einen sehr direkten Bezug zum Fußball, alle haben als Kinder und in der Jugend selbst gekickt. Einige im Verein mit nicht zu verachtenden Ambitionen, sogar bis hinein in den Profibereich. Ich fühle mich als eine von ihnen, in jeder Hinsicht. Ich bin mit diesem Sport genauso sozialisiert wie alle anderen, und ich spüre sehr deutlich, dass meine neuen Kollegen das ebenso empfinden. Niemand stellt die Frage nach meiner Eignung für den Fußballreporterjob. Spätestens mein erster Fallrückzieher im Stadtwald öffnet einem vorurteilsfreien Miteinander Tür und Tor.

Becki, Wonti und Johannes B. Kerner sind die Köpfe von »ran«. Nach außen und nach innen. Jörg Wontorra ist einer der populärsten Moderatoren und Reporter mit unendlicher Live-Erfahrung, bekannt aus der ARD-Sportschau. Ihn abzuwerben war ein echter Personal-Coup! Johannes B. Kerner dagegen ist nur Insidern bekannt. Ein Rohdiamant am Moderatorenhimmel. Kerner kommt vom Sender Freies Berlin, entwickelt sich ruckzuck zum Shootingstar der Szene. Schnelles Denken, flotte junge Sprache, sympathisch frische Erscheinung vor der Kamera. Das ist neu im deutschen Fernsehen. Die drei Granden wechseln sich ab in der Moderation von »ran« am Freitag und Samstag sowie »ranissimo«, der Fußballshow am Sonntag. Gaby Papenburg kommt, wie erwähnt, ein wenig später für die Freitagsendung hinzu, mit dem erwartbaren Medien-Tamtam um die erste weibliche Moderatorin einer reinen Fußballsendung. Ein Vierteljahrhundert ist das her, lange vor Anne Will als erste Sportschaumoderatorin, Monica Lierhaus oder Kathrin Müller-Hohenstein, die sich alle wie selbstverständlich auch erst einer öffentlichen Herz-Nieren-Prüfung unterziehen müssen, um ihre Eignung als Moderatorin einer Fußballsendung zu rechtfertigen.

Mein heutiger ZDF-Kollege Oliver Welke macht auch Mitte der 1990er-Jahre seinen entscheidenden Karriereschritt bei »ran«. Ebenso Jörg Pilawa und Steffen Simon. Als ARD-Sportschau-Chef übernimmt Simon später wesentliche Impulse der letztendlich für alle vorbildlichen »ran«-Struktur.

Fast alle Kolleginnen und Kollegen sind dem Business noch heute treu. Breit gestreut bei Sendern, Streaming-Diensten, Agenturen oder Vereinen. Die »ran«-Zeit mag niemand missen. Noch heute erinnern wir uns bei unseren Veteranentreffen gerne an diese einzigartige Aufbruchsstimmung.

Das Herz der »ran«-Sendungen ist der Dispatcher-Raum im Studio Hamburg. In einer Art Hufeisenform sind Arbeitsplätze und Monitore angeordnet, sodass jedes Bundesligaspiel von mindestens zwei Redakteuren konzentriert verfolgt werden kann. Der Leiter der Sendung sitzt in der Mitte und hat Kommandoleitungen zu allen Reportern im Stadion. So ist ein permanenter inhaltlicher Austausch gewährleistet. Strittige Schiedsrichterentscheidungen oder Spieleinordnungen können bei Bedarf in Echtzeit diskutiert werden, und zwar beidseitig. Gegen Ende der Partie werden die Interviewpartner, die Beitragslänge und die Sendeplatzierung festgelegt. Der Leiter hat immer das letzte Wort, die Reporter halten sich in der Regel diszipliniert an alle Vorgaben. Nur so kann ein reibungsloser Ablauf funktionieren. Die Redakteure vor den einzelnen Monitoren melden Auffälligkeiten jeder Couleur. Besonders ausdrucksstarke Zeitlupenbilder für Vor- oder Abspann, Kuriositäten für die Spieltag-Zusammenfassung. Alles das entsteht zeitgleich zwei Etagen tiefer in den Schnitträumen. Hier im Hamburger Keller ist die Kreativität zu Hause. Nur knapp vierzig Minuten nach Abpfiff in den Stadien geht »ran« auf Sendung. Live und in Farbe, stets mit einer munteren Portion Frohsinn im Nacken.

Die Art der Kommentare ist anders, anders als gewohnt. Bunter, unterhaltsamer, abseitiger und sprachlich weitaus gewagter. Man erinnere sich nur an Werner Hanschs Bildsprache. Da ist ein Spielzug schon mal »schnullibulli«, ein Treffer darf als »geiles Tor« tituliert werden.

Anfangs schwirrt ein entsetztes Raunen durch die Fußballrepublik, es ist wohl eine Mischung aus Unverständnis, Ablehnung, aber auch Neugier und Respekt. Ja, der Fußball wird auch ein Stück weit glorifiziert, es fehlt mitunter die Distanz. Auch die vielen Werbepausen sind gewöhnungsbedürftig. Aber genauso ist es gewollt von den Machern. Der Fußball als Unterhaltungsware. Personell hat zusammengefunden, was zusammengehört. Ein großartiger Mix aus Hochmotivierten, der die Welt des Fußballs ein kleines Stückchen aus den Angeln hebt. Einziger Parameter für Erfolg und Misserfolg ist die Einschaltquote. SAT.1 hat eine Rekordsumme für die Übertragungsrechte gezahlt, als Gegenwert erwartet Sender-Chef Fred Kogel einen signifikanten Sprung für das Renommee des Senders.

Training macht den Meister

Für das Bundesliga-Business ist »ran« ein Geschenk. Der Fußball wird als Show inszeniert. Zuschauerzahlen im Stadion steigen ebenso wie die vor dem Fernseher. Eine neue kommerzielle Zeitrechnung beginnt, peu à peu löst sich das Fremdeln mit dieser neuen, ungewohnten Berichterstattung in Wohlgefallen auf. »ran« entwickelt sich zu einer außergewöhnlichen Erfolgsgeschichte.

Um Produkt und Personal weiterzuentwickeln, engagiert Beckmann den legendären Ernst Huberty. Der Grandseigneur gilt lange als das Gesicht der ARD-Sportschau, er beobachtet mit großer Neugier und stiller Bewunderung, was sein einstiger Schüler Beckmann da beim Privatfernsehen auf die Beine stellt. Seine Expertise hilft so manchem in den Steigbügel, anderen zu einem festeren Sitz im Sattel.

Auch mich klopft Huberty in diversen Seminaren ab, auf schlummernde Stärken und offensichtliche Schwächen. Moderation beispielsweise ist überhaupt nichts für mich.

Völlig talentfrei. Vor der Kamera bewege ich mich hibbelig. Mir fehlt Gelassenheit und Ausdruck, ich fühle mich gar nicht wohl, vergaloppiere mich beim gestellten Thema hoffnungslos. Der Lehrmeister kommentiert sichtlich amüsiert: »Hmmm, Schwimmeuropameisterschaft.« Die Erkenntnis ist für mich jedoch weder überraschend noch enttäuschend. Als Präsentatorin habe ich mich eh nie gesehen.

Huberty gibt wertvolle Tipps. Beispielsweise, welche Informationen in einer Reportage zwingend, welche wertvoll und welche zu vernachlässigen sind. »Ich wohne im Meisenweg 6a, ich weiß von nix«, so versucht er zu veranschaulichen, dass kein Wissen vorausgesetzt werden darf, dass alle Zusammenhänge sorgfältig dargestellt werden müssen. Zudem fördert er Individualität und Authentizität seiner Schüler. Als Können getarnte Beliebigkeit sei nicht erbeten.

So häufig bin ich gefragt worden, wie es denn um meine Akzeptanz als weibliche Fußballreporterin in der Bundesliga bestellt sei. Ich konnte nie einen Unterschied im Verhalten von Trainern, Managern oder Spielern mir gegenüber feststellen. Das bedeutet natürlich nicht, dass es nicht auch mal, sagen wir, brenzlige Situationen gegeben hat, oder Gedanken von Skepsis im Hinterkopf meiner Gesprächspartner schlummern. Wie vermutlich gegenüber so manchem männlichen Kollegen auch. In dem Zusammenhang erinnere ich mich an ein Interview mit Huub Stevens, dem knurrenden Holländer. Damals erstmals Trainer von Schalke 04, hat er fast alle meine Fragen mit einer Gegenfrage beantwortet. Meine Reaktion, die Interviewführung betreffend, habe Ernst Huberty gefallen, das Verhalten des

Trainers hat er kritisiert. Er hat dieses Interview sogar als »Lehrbeispiel« für seine Seminare benutzt. Ein größeres Kompliment konnte es gar nicht geben.

Hängen geblieben ist vor allem die Motivation, Interviews stets auf Augenhöhe zu führen. In einer maximal aufgeblähten Branche, wo Trainer und Spieler heute wie am Nasenring durch die Interviewmanege geführt werden, kann das auch mal misslingen.

Jahre später ist mir ein Gespräch mit Jürgen Klopp, seinerzeit Dortmund-Trainer, dermaßen verrutscht, dass ich es kurzerhand abgebrochen habe.

Klopp, speziell nach Niederlagen emotional am Anschlag, hat bereits vier bis fünf Fragerunden absolviert, ehe er zu mir, der ZDF-Reporterin, geschoben wird. Der Trainer muss gerade eine Heimpleite gegen Mönchengladbach verarbeiten und analysieren. Im Wortlaut kann ich mich an die Frage nicht mehr erinnern. Es ging irgendwie um den Zusammenhang zwischen Bundesligaergebnissen in der Woche nach Champions-League-Spielen. Der Vulkan Klopp hat sich einmal kurz geschüttelt, kämpft gegen den totalen Ausbruch und unterstellt der Reporterin in dieser brenzligen Situation: »Was soll das denn? Ihr sitzt da oben auf der Tribüne, macht Urlaub und stellt dann solch blöde Fragen.« Da war sie dahin, die Augenhöhe. Meine spontane Reaktion: »Vielen Dank. Urlaub in Dortmund … da muss man auch erst mal drauf kommen.« Konter versenkt. Interviewende. Kurze Konfusion allerorten. Kein Drama. Ich mag so authentische Typen, fühle mich keinesfalls persönlich attackiert.

Klopps feine Entschuldigung am nächsten Tag hätte es für meinen Geschmack gar nicht gebraucht, zeichnet aber den Menschen Jürgen Klopp aus. Wo gehobelt wird, fallen Späne. So pragmatisch sehe ich das. Männlein oder Weiblein darf hier ohnehin keine Rolle spielen.

Mein erster Einsatzort als Kommentatorin einer zeitnahen Spielzusammenfassung ist das Stadion an der Lohmühle in Lübeck. Helmut Schulte, der zuvor auf Sankt Pauli Erstaunliches geleistet hat und auch mal als Experte bei uns im Boot saß, ist dort Manager. Zur Vorbereitung führe ich Informationsgespräche mit ihm, präge mir die unbekannteren Spieler ein und sichte noch ein paar Spielszenen vorangegangener Partien von Lübeck und Mainz. Außerdem gebe ich im Vorfeld des Spiels selbst mein erstes Interview. Die Fachzeitung Sport-Bild hatte schon damals eine Medienseite in ihrem Heft, eine Frau als Kommentatorin musste da natürlich erwähnt werden.

Ich fühle mich geschmeichelt, tatsächlich, damals hat es mir gefallen.

Meine Kommentarleistung wird gelobt in der Redaktionskonferenz. Kleine Abstriche gibt's für die Verwendung der Floskel »Ab geht's im Lübeck-Express«, eine viel zu beliebige Formulierung, verbrauchte Phrase für das Konterspiel. Index!

Noch so ein Augenblick, den ich nie vergessen werde: Die ganze »ran«-Mannschaft sitzt im Konferenzsaal eines Hotels am Timmendorfer Strand. Dreitägige Klausurtagung. Es ist Winter, die steife Brise am fast menschenleeren Strand aber dennoch ein Erlebnis. In Arbeitsgruppen wird Bilanz gezogen, es werden sendungsrelevante Themen diskutiert und über neue Formate gebrainstormt.

Dann der Moment der Besetzungsverkündung für die Fußballweltmeisterschaft 1994 in den USA. Wir haben keine Live-Übertragungsrechte, die liegen wie gewohnt bei ARD und ZDF. Aber den Sportrechte-Experten ist ein Deal gelungen, der die Versendung von längeren Spielausschnitten ermöglicht. Zusätzlich gibt es die Zusage des DFB, täglich Trainer oder Spieler live in einer Magazin-Sendung als Gäste zu bekommen. Heute undenkbar, und auch damals ein ziemlich bemerkenswerter Coup. Michael Lion zelebriert diese Verkündung in seiner ihm eigenen Art. Wieder mit Schärfe und Güte zugleich. Meine Freude ist kaum in Worte zu fassen, als er meinen Namen nennt, und irgendwie habe ich das Gefühl, er freut sich mit mir. Es wird mein erstes großes Fußballturnier als Vor-Ort-Berichterstatterin.

Meine erste Weltmeisterschaft: Ein (sportliches) Desaster

Nichts geht mehr, kein Meter links, keiner rechts. Wir hängen fest in einer Blechlawine, draußen auf dem Parkplatz des Giant Stadiums vor den Toren New Yorks.

10. Juli 1994: Vor wenigen Minuten ist der Weltmeister im WM-Viertelfinale ausgeschieden. Eine faustdicke Über-

raschung, denn Deutschland war klarer Favorit gegen Bulgarien. Dann aber diese folgenschwere Szene in der 79. Minute. Letschkow fliegt heran, der kleine Häßler kann sich maximal an die Tragflächen hängen. Letschkows Kopfball kann er nicht verhindern. 2:1 für Bulgarien, die Show ist aus.

Spätestens jetzt ist der Kampf gegen seine Kritiker ein hoffnungsloser. Hans-Hubert »Berti« Vogts hat wenig Kredit in der Öffentlichkeit und noch weniger bei den Medien. An des Kaisers Eleganz, dessen natürliche Autorität reicht er nicht annähernd heran. Weltmeistermacher Franz Beckenbauer ist der Maßstab. Ganz fair ist das nicht. Vogts arbeitet akribisch, kann aber auch als Trainer nicht mehr Ausstrahlung entwickeln als zu seiner aktiven Zeit, die dem Verteidiger den Beinamen »Terrier« einbringt. Wie soll ein Terrier dem Kaiser das Wasser reichen?

Ich sitze mit ein paar Kollegen in einem Großraum-Van, wir müssen so schnell wie möglich in unser Redaktionsbüro. Krisensitzung! Wie geht's weiter? Niemand hatte dieses unmöglich scheinende Szenario auf dem Schirm. Jetzt ist Schnelldenken gefragt, eine journalistische Herausforderung. Welche Sendungen sind möglich, welche Beiträge brauchen wir, wen bekommen wir noch im Interview? Nicht alle sind mit Mobilfunk ausgestattet, ich beispielsweise habe nur einen Pager. Der hat längst Alarm signalisiert, aber es dauert fast eine Stunde, bis wir raus sind aus dem Verkehrsmoloch.

Die Weltmeisterschaft '94 in den USA zerlegt irgendwie alle. Statt Titel nur noch Tristesse. Hängen bleibt das Bild des einsamen Bundestrainers allein am großen Tisch im Mannschaftsquartier. Eine Einstellung mit Symbolkraft. Aufgenommen von einem aufmerksamen SAT.1-Kameramann. Heute undenkbar, weil das Mannschaftsquartier hermetisch abgeriegelt ist. Die Berichterstattung ist während der gesamten WM geprägt von kleinen Krisenstorys, immer wieder dringen Dissonanzen innerhalb des Teams nach außen. Thomas Herrmann und Jörg Dahlmann sind die SAT.1-Nationalmannschaftsreporter, sie schleppen kuriose Geschichten an. Stefan Effenberg erweist ihnen dann einen Bärendienst. Der Stinkefinger der Nation, jene obszöne Geste vom extrovertierten Nationalspieler beim glücklichen 3:2-Sieg gegen Südkorea, ist der Anfang vom Ende. Die Fan-Pfiffe während seiner Auswechslung beantwortete er im negativen Überschwang. Heimreise für den Tiger, dessen Spitzname im Zusammenhang mit seiner neuen Haar-Choreografie steht. Gefundenes Fressen für alle Berichterstatter. Achtelfinale gegen Belgien geht auch ohne Effenberg klar, dann der Umzug nach New Jersey. Viertelfinale in New York gegen Bulgarien. Wir senden aus einem verwaisten Uni-Campus, Semesterferien machen's möglich. Ein Hauch von Harvard, die Botschaft geht aber an Bertis Buben.

Mein Job ist vielfältig: Redaktionsarbeit, Archivrecherche, aber auch zusammenfassende Beiträge. Es gibt diverse Sondersendungen zum Ausscheiden der deutschen Nationalmannschaft. Wir produzieren einen Bericht nach dem anderen, Abgesänge auf Team und Trainer. Zwei Tage und zwei Nächte ohne Unterbrechung. Zwischendurch bestellen wir chinesisches Essen und schlafen abwechselnd ein bis zwei Stündchen auf der Couch im angemieteten Schnittstudio mitten in Manhattan. Endlich angekommen in der Redaktion! Eine Krise wird für mich zum Belastungstest. Bestanden, versetzt.

Nach der abschließenden Sendung sind wir alle gleichermaßen stolz und traurig. Die letzten drei Nächte wohnen wir in einem wunderschönen Hotel direkt am Broadway. Unweigerlich denke ich an das YMCA, diese einfache Herberge, während meines ersten Aufenthalts in New York als studentische Ferienjobberin. Ich finde sie nicht mehr, abgerissen. Bleibt nur die Erinnerung einhergehend mit dem Bewusstsein, ein gutes Stückchen geklettert zu sein auf der Lebensleiter mit zunehmendem Komfort.

Anschließend fliege ich privat noch weiter nach Los Angeles, verbringe dort wunderbare Urlaubstage, sehe das Mammut-Finale zwischen Brasilien und Italien im Pasadena Rose Bowl Stadion. Verlängerung, Elfmeterschießen, Brasilien holt den Titel, Deutschland ist jetzt Ex-Weltmeister, und ich bin kein WM-Rookie mehr.

Zum Zweiten

Mein Arbeitsportfolio habe ich bei »ran« beständig erweitert, wobei die Kernkompetenz immer auf Reportagen und Filmbeiträgen liegt. Ich berichte in erster Linie über Fußball, Tennis und später auch den Radsport. Als Sendungsleiterin bin ich zu Beginn beim Frühstücksfernsehen, später bei »täglich-ran« und »ran-Sport« im Einsatz. Ich kenne also beide Perspektiven: die Kollegen, die nur ihre eigene Reportage im Blick haben, dafür gerne mal um mehr Sendezeit betteln, und die anderen, die den Gesamtüberblick haben, die Verantwortung tragen. Keine schlechte Voraussetzung zu wissen, unter welchen Umständen an welcher Stelle gearbeitet wird. Welche Widrigkeiten sowohl bei den Reportern vor Ort als auch bei den Sendungsverantwortlichen lauern.

Ein herausragendes Merkmal der Arbeit bei »ran« ist die Liebe, die Muße fürs Detail. Die einzelnen Arbeitsabläufe sind penibel genau aufeinander abgestimmt. So wird beispielsweise jede Bewegung bei der Archivierung der Fußball-Mitschnitte registriert. »Ich brauch mal Otto Rehhagel, Gesicht close, Blickrichtung rechts«, so oder so ähnlich stellen Filmemacher ihre Anfrage an die Kollegen im Archiv. Bei aktueller Bearbeitung steht der Archivar nur wenige Minuten später mit ein paar Kassetten unterm Arm im Schnittraum. Er hat gleich mehrere Varianten der gewünschten Bildeinstellung zur Auswahl mitgebracht.

So richtig zu schätzen lerne ich diesen Luxus erst Jahre später beim ZDF. Dort verlässt mich während des Schnitts für eine tagesaktuelle Story sogar der Cutter. Schichtwechsel! Da muss man erst mal drauf kommen.

Ende der 1990er-Jahre machen sich dann erste Risse bemerkbar. Pläne für Veränderungen in der Senderstrategie dringen durch. So manches Gerücht, aber auch Wahrheiten. Die Marke »ran« hat ihre Schuldigkeit getan, SAT.1 ist den Kinderschuhen entwachsen. Die enormen Produktionskosten der Sportabteilung sind so manchem im Sender längst ein Dorn im Auge. In der Tat wird Qualität hoch geschätzt und entsprechend vergütet. Das gilt für alle Bereiche, auch für die Bezahlung des Personals. Die Goldgräberzeit des Sportfernsehens. Plötzlich machen sich überall Sparmaßnahmen bemerkbar, außerdem eine gewisse Aufbruchsstimmung, denn es sickert durch, dass SAT.1 einen Umzug nach Berlin anstrebt.

Ich mag Berlin, aber verliebt habe ich mich in die Metropole nie. Mitte der 1990er-Jahre entwickelt sich eine hippe Szene, speziell im Berliner Osten. Wohnraum ist günstig, es entsteht eine rege Zuzugsbewegung. Jahrelang bin ich regelmäßig dort. Ungefähr alle vier bis sechs Wochen von Montag bis Freitag, denn wir senden die Sportnachrichten »täglich-ran« bald aus der Hauptstadt. Gemeinschaftlich mit den SAT.1-News-Kollegen sind wir zu Gast im Produktionsgebäude von n-tv in Berlin-Mitte. Eigentlich eine schöne Abwechslung, wir wohnen in den schönsten Hotels rund um den Gendarmenmarkt. Aber mein Eindruck von Baustellen mit rosafarbenen Versorgungsrohren und von asbestverseuchten Gebäuden, die spätestens am Nachmittag einen latenten Kopfschmerz verursachen, bleibt prägend.

Die Personalverhandlungen sind großzügig und fair. Der Umzug ist beschlossene Sache. SAT.1 verlegt seinen Standort von Hamburg nach Berlin, mit Mann und Maus. Auch die Sportredaktion ist betroffen. Geplante Abgänge des Führungspersonals zeichnen sich ab. Die große Zeit neigt sich dem Ende, auch ich mache mir Gedanken über einen Perspektivwechsel. Ich scheue mich, nach Berlin zu ziehen, und ich spüre den Reiz einer inhaltlichen Neuorientierung. Es ist keine klassische Initiativbewerbung, die ich an Wolf-Dieter Poschmann, den Sportchef des ZDF, verschicke – eher so ein vorsichtiges Abklopfen der Möglichkeiten. Die Antwort kommt prompt, verbunden mit der Einladung auf den Lerchenberg. »Wer in Hamburg lebt, nicht nach Berlin ziehen mag, der kommt bestimmt nicht nach Mainz«, zeigt sich Poschmann skeptisch. Das Gespräch verläuft angenehm, der ZDF-Mann lässt mich sehr deutlich wissen, dass er interessiert ist an einer Verpflichtung. Wir verabreden das übliche Prozedere, ich schicke ein paar Arbeitsproben, er verhandelt mit dem Chefredakteur.

Als ich Weihnachten'98 heim zur Familie nach Neunkirchen fahre, habe ich meine Gefühle kaum unter Kontrolle. Eine unfassbar geile Zeit geht zu Ende: »ran« ist für mich Geschichte, eine unvergessliche. Am 2. Januar 1999 trete ich meinen neuen Job auf dem Mainzer Lerchenberg an. Mit dem Zweiten sieht man besser!

Emotionen und Distanz

Ein öffentlich-rechtlicher Sender propagiert im Zweifel andere Leitlinien als ein privater. Ich denke, ich weiß, wovon ich rede, da ich für beide Systeme gearbeitet habe. Ein Privatsender, der in der Regel eine dicke Summe investiert hat für sein Übertragungsrecht, tut alles für eine zuschauernahe Berichterstattung. Ein »wir« oder »uns« in der Berichterstattung ist bei den Öffentlich-Rechtlichen hingegen lange Zeit ausgeschlossen, Distanz ist das Zauberwort. Wir sitzen nicht im selben Boot mit den Vereinen und Athleten, wir rudern maximal im gleichen Gewässer. Eine Prämisse, die für Journalisten des öffentlich-rechtlichen Rundfunks und Fernsehens auch heute noch gilt, ohne Wenn und Aber.

Das Komplizierteste, was mir diesbezüglich begegnet ist, ist das EM-Viertelfinale der deutschen Frauennationalmannschaft 2017 gegen Dänemark. Die Mannschaft der später gescheiterten Bundestrainerin Steffi Jones verliert nach einer frühen, aber glücklichen Führung von Minute zu Minute alle ihre Fähigkeiten. Es wird das schlechteste Spiel der deutschen Elf, das ich je gesehen habe. Ich ertappe mich dabei, wie meine Kommentare erst bissiger, dann ironischer werden. Deutschland verliert, scheidet sang- und klanglos aus und wird im allgemeinen Pressetenor regelrecht vernichtet. Inhaltlich lag ich in der Analyse richtig, zweifle aber später an der Richtigkeit meiner Wortwahl. Habe ich eine Spur zu wenig Fairness, sachlicher Neutralität an den Tag gelegt? In der späteren Aufarbeitung gibt es Stimmen in beide Richtungen. Für einige war mein Kommentarstil an einigen Stellen nicht angemessen, andere hätten eine noch drastischere Bewertung bevorzugt.

So mancher Zuschauer erwartet eine Art Kompensierung durch den Kommentator. Getreu dem Motto: Wenn schon das Spiel nichts hergibt, soll wenigstens der Kommentator für Unterhaltung sorgen. Wie auch immer. Im Zweifel auf Kosten der Protagonisten.

Wie viel Unterhaltung ist erlaubt im journalistischen Selbstverständnis eines öffentlich-rechtlichen Senders? Wolf-Dieter Poschmann bringt es kurios auf den Punkt. »In drei Berufsgruppen bist du dann am besten, wenn sich niemand an dich erinnern kann. Das trifft auf den Kellner, den Schiedsrichter und den Kommentator zu.« Da ist was dran, doch Abstriche würde ich beim Kellner machen. Wenn der witzig, charmant und mit ordentlichem Grundtempo ausgestattet ist, lege ich beim Trinkgeld gerne einen Euro obendrauf.

Poschmann ist Ende der 1980er-Jahre beim ZDF zum Live-Reporter aufgestiegen. Als ehemaliger Mittelstreckenläufer ist er ein ausgewiesener Leichtathletikfachmann, viele seiner Kommentare sind preisgekrönt. Ein Lehrstück exzellenter Mischung aus Darstellung, Einordnung und dramaturgischer Zuspitzung ist Nils Schumanns Gold-Lauf über achthundert Meter bei den Olympischen Spielen in Sydney. Der frühere ZDF-Sportchef hat trotz reichhaltiger Erfahrung nie auf das Ausarbeiten einer Kommentarstruktur verzichtet. Das bedeutet eine Schwerpunktsetzung bezüglich der Themen des Wettkampfes und ein Gespür für optimale Balance von eigener Herangehensweise und Erwartungshaltung des Publikums.

Auch wenn Fachkompetenz und Sprachgestaltung entscheidende Kriterien für die Qualität eines Kommentars sind, hält Poschmann diese letztendlich für kaum objektivierbar. Was ein Redaktionsleiter als gelungen betrachtet, kann durchaus in der Gunst der Zuschauer oder eines Medienkritikers komplett durchfallen. Eine Frage des Geschmacks, der Erwartungshaltung und persönlicher Positionierung, abhängig häufig von Spielausgang, Anteil der emotionalen Aspekte und reiner Sympathie.

Spannend zu beobachten ist, inwieweit ein Kommentator seinen persönlichen Stil massenkompatibel machen kann oder will. Ein schwieriges, vielleicht gar fragwürdiges Unterfangen.

Glaubwürdigkeit ist ganz sicher ein starkes Kriterium, um in der Zuschauergunst ordentlich abzuschneiden. Aber eben auch zu großen Teilen eine subjektive Einschätzung. Den Anspruch an eine weitgehend floskelfreie Sprache haben im Grunde alle Kommentatoren. Darüber hinaus lässt sich mit Sprache Stil zementieren. Je weniger Beliebigkeit in der Wortwahl, desto mehr Persönlichkeit. Reporterlegende Rolf Kramer spricht in diesem Zusammenhang gerne von präsenter Prosa, also in Echtzeit abgelieferte Formulierungsqualität. Doch was für die einen Poesie ist, bedeutet für die anderen nicht selten affektierte Intellektualität, die so gar nicht zum Volkssport Fußball passe. Auch Marcel Reif findet während seiner dreißigjährigen Karriere als Fußballkommentator nicht nur Anhänger seines geschliffenen Wortes. Er hat es schlichtweg in Kauf genommen, im Bewusstsein, es ohnehin nie allen recht machen zu können. Praktischerweise nimmt er den eigenen Anspruch als Maßstab. Das ist schlau. Auffällig unterschiedliche Einschätzungen gibt es auch zum Quantum der spielanalytischen Aspekte. Für den Freak kann gar nicht genug analysiert werden, andere sprechen dem

Kommentator diese Fähigkeit gleich ganz ab, und wieder andere wollen keine Vorträge wie in einem Fachseminar. Ich kenne Zuschauer, die sich permanent beschweren, wenn ein Kommentator einigermaßen regelmäßig die Spielernamen bei den Ballstafetten nennt, »Kann ich doch selbst sehen«, ist die Begründung. Demgegenüber die Haltung eines mir bekannten Sportfachmanns, er wolle nur die Spielernamen genannt bekommen, denn die könne er aus der totalen Kameraeinstellung häufig nicht erkennen. Das Spielgeschehen aber, das sei er selbst in der Lage einzuordnen, dafür brauche er nicht die Interpretation des Kommentators. Wie man's macht, macht's frau verkehrt.

Wagen wir den Blick zurück zu den Anfängen des Schwarz-Weiß-Fernsehens, als bewegte Bilder aus der Flimmerkiste noch ein Privileg in deutschen Haushalten waren. Der Mythos um die »Helden von Bern« rankt sich in erster Linie um die seinerzeit ungewöhnlich enthusiastische Radioreportage von Herbert Zimmermann. Obwohl das Schweizer Fernsehen schon TV-Bilder produziert, können es die wenigsten Menschen in Deutschland empfangen. Der wunderbare Kinofilm von Sönke Wortmann illustriert die Faszination des Radio-Live-Erlebnisses. Im Überschwang persönlicher Gefühle lässt sich Radioreporter Zimmermann zu einem zuvor in Deutschland verpönten nationalistisch geprägten Kommentarstil hinreißen. Ein absoluter Tabubruch im deutschen Selbstverständnis der Nachkriegsjahre. Jeglicher Anflug von Nationalstolz stand auf dem Index, sogar sportliche Aspekte wurden mit der damals für nötig gehaltenen Distanz geschildert. Zimmermanns Reportage erreicht die Menschen in ihrer Sehnsucht nach positivem Gemeinschaftsgefühl. Kultstatus erhält sie erst viele Jahre später. Zwanzig Jahre nach dem Berner Endspiel wird Deutschland zum zweiten Mal Fußballweltmeister. Rudi Michel kommentiert das Finale Deutschland gegen die Niederlande in München dermaßen zurückhaltend, nüchtern, reduziert, dass man aus heutiger Sicht eine Reportage über Hallenhalma vermuten möchte. Michel erntet wenig Lob für seine Reportage, obwohl sie weitgehend fehlerfrei ist und obwohl er fraglos zu den Besten seines Fachs zählt.

Rolf Kramer erzählt, dass damals schon das ungeschriebene Gesetz von fifty-fifty galt. Wenn du fünfzig Prozent Zustimmung für deine Kommentare erhältst, ist alles prima. Mehr ist selten zu erwarten, es liege in der Natur der Sache, dass, wenn jemand über Fußball spricht, mitunter ein Großteil seiner Zuhörerschaft genau das Gegenteil empfindet. Zur Veranschaulichung liefert Kramer sogleich eine absurde Erfahrung hinterher: Länderspiel Deutschland gegen Irland Ende der 1970er-Jahre. Ein zähes Spiel ohne wirkliche Höhepunkte, torlos bis zur Pause. Der verantwortliche Redakteur meldet dreiundachtzig Beschwerdeanrufe aus der Mainzer Sendezentrale. Die Qualität des Spiels und des Kommentators seien mangelhaft. »Dreiundachtzig ist damals eine alarmierende Zahl, denn die statistische Reizschwelle, die einen Reporter ins Abseits stellen kann, ist wesentlich niedriger«, erklärt Rolf Kramer heute. Nach dem Wechsel nimmt die Partie Fahrt auf, Deutschland gewinnt mit 5:0. Ein einziger weiterer Zuschaueranruf wird registriert, absolut wohlwollend dem Kommentator Kramer gegenüber. Das Spiel macht die Musik. Einhellige Erkenntnis, ein 7:0 muss anders klingen als ein 0:0. »Wenn Fußballkommentatoren da nicht einen eigenen Humor entwickeln …«, resümierte Kramer schon vor fünfunddreißig Jahren.

Stimmlagen

Wer mit den Adlern fliegen will, darf keine Höhenangst offenbaren. Der Live-Kommentar ist die Königsdisziplin aller Reportertätigkeiten. Wer dazu den Fußball wählt, begibt sich automatisch in eine Art öffentliches Fegefeuer. Mitleid jeglicher Herkunft ist fehl am Platz, das gilt für Frauen ebenso wie für Männer. Ein Genderbonus ist die schlechteste aller Ideen.

Aber, in der Überspitzung, in der Fokussierung auf der persönlichen Leidenschaftsskala fehlt einigen scheinbar der Überblick. Ihr eigenes Empfinden wird kurzerhand zum Mainstream erhoben. Wem das Selbstvertrauen für eine weibliche Fußballkommentatoren-Stimme fehlt, wird auch in Zukunft tapfer sein müssen.

Vielleicht hat der ein oder andere Fußballkonsument auch die seit einigen Jahren wuchtig einsetzende Welle der vielen Frauen am Spielfeldrand noch nicht ganz verkraftet. Die Toleranzgrenze beim Volkssport Fußball ist vorübergehend ausgereizt, die Einschläge der Veränderungen dürfen wohl nicht in zu kurzer Zeitabfolge kommen. So wird es so mancher zumindest empfinden. Die »Kopf durch die Wand«-Systematik scheint Menschen zu überfordern.

Selbstverständlich gibt es im Jahr 2020 eine Menge Frauen mit ausgeprägtem Fußballsachverstand. Oder was glauben Sie, warum es allein in Deutschland mittlerweile neunundzwanzig registrierte Fußballlehrerinnen gibt. Also weibliche Besitzerinnen der in Deutschland höchsten Trainerlizenz. Hinzu kommen ungefähr tausend Frauen im Besitz der A-, B- oder Elite-Jugend-Lizenz. Das sind immerhin schon mal sehr deutliche Indizien für weitreichende und langjährige Beschäftigung mit diesem Sport. Mehr als eine Million Fußball spielende Frauen und Mädchen werden diesen Trend in naher Zukunft weiter vorantreiben. Fachkompetenz als Basis, dazu eine gute journalistische Ausbildung und ein gewisses Talent fürs Reportieren sind die Zutaten für eine Laufbahn als Kommentator – für Männer und für immer mehr Frauen.

Als einziges prägnantes Unterscheidungsmerkmal sticht die Stimmlage heraus. »Schrill, ätzend, wenig weiblicher Duktus«, so die Kritiker. Dieses Empfinden sei jedem zugestanden, Gewohnheiten prägen Haltungen. Wahrscheinlich unbewusst. Eine kleine Portion Toleranz diesbezüglich ist jedoch unabdingbar. Die Frauenstimme aber ohne inhaltliche Bezüge als inkompetent abzuqualifizieren, zeugt nur von enttarnter Oberflächlichkeit.

Ich kann von mir unbeirrt behaupten, dass ich genauso spreche, wie ich dieses Spiel fühle. Gut gemeinte Ratschläge, als Frau durchaus auch ein anderes Vokabular und eine differenzierte Sprachmelodie nutzen zu dürfen, habe ich für mich nach reiflicher Überlegung verworfen. Hätte nicht zu mir gepasst, wäre nicht authentisch.

Nach der WM 2018 habe ich abenteuerliche Erfahrungen in Bezug auf die Stimmthematik gemacht. Zum Beispiel wurden einige meiner Kommentare sowohl von einem Mann als auch von einer Frau anonym »nachkommentiert« und anschließend einem größeren Publikum getrennt zur Bewertung vorgelegt. Der von der Frau gesprochene Kommentar fand überwiegend große Ablehnung, derselbe vom Mann eingesprochene Text hingegen große Zustimmung. »Viel Fachkompetenz, guter Duktus, angemessene Wortwahl.« Ja, mit dem Fach-Mann wollen die meisten Probanden sehr gerne über Fußball fachsimpeln.

Natürlich ist der Klang der Stimme ein erster Indikator, ob mir als Zuschauer ein Kommentator gefällt oder nicht. Auch ich habe da meine Vorlieben. Einige Kollegenstimmen mag ich lieber hören als andere, es gibt sogar welche, die ich als unangenehm empfinde. Und natürlich habe ich auch schon Kollegen schimpfen hören: »Boa, dem kann ich nicht zuhören!« Eine sonore Stimme wird in der Regel als angenehmer empfunden als eine höhere Klangfarbe. Manche stören sich am Dialekt, obwohl im Fernsehen eigentlich nur der bayrische Tonfall als salonfähig akzeptiert wird. Andere empfinden gerade den, besonders bei Wintersportarten, als sehr glaubwürdig. Kleinere Sprachfehler wie beispielsweise der berüchtigte »S-Fehler« spielen in der Gunst der meisten Zuschauer keine Rolle, andere hängen sich gerade daran auf.

Wir können das Spiel endlos fortsetzen, wir bewegen uns hier im geschmäcklerischen Bereich. Die Frauenstimme beim Fußball-Live-Kommentar ist so ungewohnt, dass sie fast jede Neutralität bei weiteren Bewertungskriterien verschluckt. Wer hier nicht vorurteilsfrei an die Sache gehen kann, wird seine Ablehnung kaum überwinden. Aber wer kann schon verlangen, dass alles, was er so vorgesetzt bekommt, seinem persönlichen Wohlwollen entspricht. Das gibt's nirgends, auch nicht beim Fernsehen, auch nicht bei den Öffentlich-Rechtlichen.

Das Thema Gleichberechtigung hält unaufhaltsam Einzug. Überall, auch im Fußball und seinen diversen Genres der Berichterstattung. Es muss ungefähr 2007 gewesen sein, als ich mit anderen Kollegen einen Probekommentar für Live-Spiele gesprochen habe. Ich kommentiere ein Frauenländerspiel, die Männer jeweils ein Pokal- oder Männerländerspiel. Es geht darum herauszufinden, ob man handwerkliche Voraussetzungen mitbringt, auf die sich aufbauen lässt: Sprache, Duktus, Dramaturgie, Emotionsfähigkeit.

Meine wichtigste Erkenntnis: Es macht mir ungeheuer viel Spaß, ich fühle mich wohl in dieser Rolle. Ansonsten natürlich fast alle Anfängerfehler. Zu deskriptiv, zu viel Text, zu viele Hintergrundgeschichten. Daran kann man arbeiten, ist das einhellige Fazit. Meine Eintrittskarte in die Olympia-Bütt. In Peking kommentiere ich fast täglich zwei Frauenspiele, nehme die Kritik ernst und werde von Spiel zu Spiel geübter und besser.

Der nächste größere Sprung ist für mich die Frauen-WM 2011 in Deutschland. Andreas Lauterbach, der Teamchef unserer Übertragungen, hat mich gemeinsam mit Sportchef Dieter Gruschwitz auf diese Bühne geschubst. Sieben Spiele im Hauptprogramm vor einem Millionenpublikum. Die Einschaltquoten sind gigantisch. Vorläufige Höhepunkte sind für mich die K.o-Spiele im Viertelfinale zwischen England und Frankreich sowie das Halbfinale USA gegen Frankreich.

Die Kritiken sind insgesamt sehr ordentlich, dem Wohlwollen der Zuschauer und den Journalisten steht kein auffälliges Gemecker gegenüber. Die erste weibliche Fußball-Live-Kommentatorin ist angekommen. So sieht's aus. Im Sender wird dieser Personal-Coup entsprechend gefeiert, das ZDF erhält jede Menge Lob für einen genderpolitischen Schritt in die richtige Richtung. Die Kollegen der ARD indes fühlen sich unter Zugzwang, weiten ihre Frauenpower in den Folgejahren in allen Bereichen aus. Ebenso wie private Fernsehsender.

Ich bin fleißig, arbeite weiter an meinem Reporterstil, schaue Spiele im Fernsehen fortan unter ganz anderer Prämisse. Wem kann ich wo was abschauen, ohne meine Authentizität zu verlieren. Wie kann ich die Oktaven meines Stimmenvolumens erweitern, ohne gekünstelt oder gar fremd zu klingen. Ich realisiere schnell, der Weg ist das Ziel, man und frau lernt nie aus.

Streik in Südafrika

Der Blickwinkel ist entscheidend für die Botschaft. Zum Beispiel wenn man durch »God's Window« schaut. Auf Täler, Schluchten und Gebirgszüge, die vollendete Schönheit der Natur nordwestlich von Johannesburg. Was das mit Fußball zu tun hat? Abwarten.

Der befreundete Kollege Martin Wolff und ich sind nicht zum ersten Mal in Südafrika, kennen aus früheren privaten Reisen aber eher die Kap-Region. So beschließen wir, die Reise zur WM 2010 ein paar Tage früher als dienstlich geplant anzutreten. Ein Besuch im Krüger Nationalpark steht auf unserer To-do-Liste.

Viel wurde diskutiert, kritisiert über und am Austragungsort dieser Fußballweltmeisterschaft. Ein problembeladenes Land, wo weder Apartheid überwunden ist noch Armut nachhaltig bekämpft wird. Milliarden wurden ausgegeben für Infrastruktur und hochmoderne Fußballstadien, die anschließend niemand mehr braucht. Menschen wurden aus ihren Townships verdrängt, um Zufahrtswege zu den luxuriösen Mannschaftsquartieren in die Natur zu fräsen. Der Weltfußballverband FIFA folgt verbandspolitischen Aspekten und natürlich dem schnöden Mammon, so die immer lauter werdenden Vorwürfe. Der allgemeine Tenor der Empörung: Eine WM in Südafrika sei so sinnvoll wie ein Schlittenrennen in der Wüste.

Nun stehen wir also hier und genießen die scheinbar unendliche Weite Afrikas aus dem Fenster Gottes, einem Felsplateau, das wirklich so heißt. In zwei Tagen ziehen

Martin und ich ein in unsere hermetisch gesicherte WM-Unterkunft im Johannesburger Stadtteil Sandton. Die meisten Kollegen werden dort untergebracht sein während der Weltmeisterschaft. Wir teilen uns Appartements, sind angehalten, die Anlage im Dunkeln niemals allein zu verlassen. Die Kriminalität besonders rund um Johannesburg hat besorgniserregende Ausmaße angenommen. Fast täglich passieren Morde, natürlich haben wir uns alle gut informiert, verhalten uns angemessen. Ein buntes, fröhliches Miteinander auf den Straßen der Spielorte wie noch vier Jahre zuvor in Deutschland, das wird es hier nicht geben. Diese WM wird so ganz anders als alle zuvor. Der Fußball gerät immer deutlicher in die Falle des Kommerzdenkens.

Auch unser Arbeitsprofil erfährt einschneidende Veränderungen. Wir EB-Reporter produzieren unsere Filme jetzt überwiegend aus dem IBC, dem Internationalen Fernsehzentrum. Nur in Ausnahmen drehen wir die Bilder beim Training oder den Spielen der Mannschaften noch selbst. Die FIFA beliefert alle Rechteinhaber mit Bildmaterial, die journalistische Unabhängigkeit wird dadurch empfindlich erschwert. Nur die Berichterstattung über die deutsche Mannschaft bleibt weitgehend unverändert. Rund um die Löw-Crew arbeitet, wie immer, ein eingespieltes Redaktionsteam, hier sind die Begehrlichkeiten unserer Zuschauer naturgemäß besonders hoch. Einschränkungen, welcher Art auch immer, unerwünscht.

Martin und ich teilen uns ein sehr hübsches Appartement, unsere Nachbarn rekrutieren sich ausschließlich aus der ZDF-Sportredaktion. Ein Fahrdienst bringt alle Kollegen täglich zum IBC und zurück, je nach Arbeitseinsatz. In unserer Freizeit schauen wir gemeinsam die WM-Spiele im Fernsehen, spielen Tennis auf der hauseigenen Anlage oder wagen eine kurze Inline-Tour in der Nähe unseres Quartiers, selbstverständlich nur bei Tageslicht. Eine der wenigen Ausnahmen rund um diesen Arbeitsalltag in Johannesburg wird für mich zu einem außergewöhnlichen Erlebnis.

Ich bin zuständig für Frankreich, das Team von Nationaltrainer Raymond Domenech, immerhin Vize-Weltmeister. Das Turnier beginnt wackelig für die Franzosen, die Mannschaft ist zerstritten, der Trainer kämpft um Anerkennung. Es kracht an allen Ecken und Enden, vieles dringt an die Öffentlichkeit. Die Redaktionsleitung schickt mich und ein Kamerateam runter zur Stippvisite nach Knysna, wo die Franzosen residieren. »Schau mal, was da los ist, und bring ein schönes Filmchen mit«, lautet der Auftrag.

Knysna, ein kleiner Küstenort an der wunderschönen Garden Route, wird zum Inbegriff eines in dieser Form nie dagewesenen Fehlverhaltens hochbezahlter Fußballprofis. Ich fliege von Johannesburg nach Port Elizabeth, wo mich das Kamerateam um Walter Korth am Flughafen abholt. Mit Walter verbinden mich zahlreiche wunderbare Dienstreisen, wie zum Beispiel die Begleitung der Wüstenrallye Paris–Dakar quer durch Afrika im Jahr 2004. Ein kleiner Fingerzeig auf gemeinsame Erfahrung mit unwegsamem Geläuf. Er und sein Assistent Axel sind während dieser WM für die südlichen Spielorte eingeteilt, können sich dort vergleichsweise frei bewegen, denn die Kriminalität in den Touristenregionen ist erheblich geringer als anderswo. Noch bevor wir in unser Hotel einchecken, recherchieren wir die Anfahrtswege zum französischen Quartier. Außerdem doublechecke ich die veröffentlichten Zeiten für Training und Pressekonferenz am Folgetag. Bloß keine unliebsamen Überraschungen, alles schon hundert Mal erlebt und dann mit leeren Händen dagestanden. Dass unser folgender Arbeitstag in Knysna alles andere als Routine wird, ahnen wir beim lauschigen Abendessen am Hafen von Knysna noch nicht.

In der Nacht hat es heftig geregnet, die Zufahrt vorbei an einem riesigen Township ist beschwerlich. Eigens für die Franzosen wurde eine Schneise in den Wald gezogen, denn der Trainingsplatz, ebenfalls nur für diese WM errichtet, liegt hinter der luxuriösen Hotelanlage auf einer im Wald freigesetzten Lichtung. Weil niemand Fremdes den Hotelkomplex betreten darf, geschweige denn durchfahren soll, wurde diese jetzt doch sehr matschige Zufahrt gebaut. Dafür müssen die Menschen im Township enger zusammenrücken, noch enger, denn der Weg wurde mitten hindurch gebaut. Da sind wir schon beim Blickwinkel: eine Notwendigkeit der mächtigen Macher zulasten derer ohne Stimme. Und dennoch wirken sie alle fröhlich. Kinder und Erwachsene, am Existenzminimum lebend, stampfen ohne geeignetes Schuhwerk durch den Matsch, in freudiger Erwartung des ersten öffentlichen Trainings ihrer berühmten Teilzeitnachbarn.

Walter fängt diese Szenerie mit der Kamera ein, eine skurrile Anmutung. Was für eine Diskrepanz zwischen denen auf der Bühne und jenen, die sie bejubeln. Noch bevor die Mannschaft kommt, diskutieren wir mit ein paar französischen Journalisten-Kollegen, einige kenne ich noch von früheren Tour-de-France-Übertragungen. Wir sind sensibilisiert, denn es knirscht im Team nicht erst, seit Anelka, ein großartiger Stürmer, wegen unüberwindlicher Dissonanzen mit Domenech heimgeschickt wurde. Aber was wir gleich erleben werden, geht weit über meine Vorstellungskraft hinaus.

Das Ordnungspersonal gibt sich alle Mühe, dem Andrang Herr zu werden. Tausende drängen hinter den Absperrungen einer Längsseite des Trainingsplatzes. Die Kinder halten Fotos der Spieler in der Hand, die sie aus diversen Werbeheftchen ausgeschnitten haben. Sie hoffen auf ein Autogramm. Vereinzelt hört man das grässliche Getöse einer Vuvuzela, jenem Lärminstrument, das dieser WM seinen unangenehmen Sound verleiht. Aber auch das ist nur landestypischer Ausdruck von Begeisterung. Ein Ticket fürs Stadion kann sich hier keiner leisten, der Preis der billigsten Kategorie übersteigt das gesamte Monatseinkommen vieler Township-Bewohner, wie man uns erzählt.

Plötzlich brandet lauter Jubel auf, der Bus kommt. Vorsichtig rollt er den Abhang hinunter, das ganze Areal ist ein einziges Provisorium, nur die Spielwiese erscheint in perfektem Zustand. Immerhin, wir Journalisten können uns einigermaßen frei bewegen, außerhalb des Platzes natürlich. Nicht unbedingt selbstverständlich, aber dieser Umstand wird noch wichtig. Die Spieler marschieren zunächst schnurstracks hinüber zu den Fans. Jenseits der Absperrung geben sie Autogramme, posieren für Fotos. Auch für uns ist das ein dankbares Motiv. Ich versuche Walter zu lenken, da ist Ribéry, da Lloris und Achtung, dort kommt Henry. Dann wird es wirr, wir sind bemüht, das, was wir dort sehen, blitzschnell einzuordnen: Patrice Evra, der Kapitän, liefert sich mitten auf dem noch fast leeren Platz einen wort- und zweifelsfrei gestenreichen Disput mit dem Co-Trainer. Eine gegenseitige Drohgebärde ist nicht zu übersehen. Ich weise Walter sofort drauf hin, er hat die Situation schon erfasst. Axel, der eigentlich für den Ton zuständig ist, hat gedankenschnell die kleine Zusatzkamera ausgepackt. Auch er dreht dieses obskure Szenario, verfolgt jetzt den flüchtenden Co-Trainer, der den steilen Hang Richtung Hotel mit energischen Schritten und sichtlich ungehalten hinaufklettert. Im Schlepptau eine sich mit ihm bewegende Schar von Journalisten. Die Spieler schlendern indes, anscheinend in aller Seelenruhe, wieder zum Mannschaftsbus. Vorerst zurück bleibt ein konsterniert wirkender Cheftrainer. So langsam dämmert uns, dass dies eine von den Spielern komplett geplante Aktion ist. Ein Streik, damit kennen sie sich ja aus in Frankreich.

»Grève«, einst eine der ersten Vokabeln, die ich in Frankreich während eines Au-pair-Aufenthalts gelernt habe. Ich wage einen Blick hinüber zu den vielen Menschen, den Kindern, die seit Wochen diesem Tag entgegengefiebert haben. Aufgerissene Münder, Blicke der Enttäuschung, sie haben Fragezeichen im Gesicht. An dieser Stelle wird mir die Parallelwelt des Profifußballs im wahrsten Wortsinn vor Augen gehalten. Ich frage mich, ob beispielsweise ein Franck Ribéry auch nur im Ansatz versteht, was er bei diesen Kids gerade ausgelöst hat.

Die hochbezahlten Profis sitzen längst im Bus, noch ist nicht richtig klar, wohin die Reise führt. Nach einer gefühlten Ewigkeit tritt der gehörnte Nationalcoach wieder aus dem Bus, in der Hand einen Zettel. Vor der versammelten Journaille, die sich blitzschnell vor ihm postiert hat, verliest Domenech eine Erklärung seiner Mannschaft. Peng! Eine Ohrfeige im Dezibel-Bereich eines Urknalls. Ein Trainer ohne Team! Nie zuvor hat es eine so demütigende Entmachtung eines Nationaltrainers gegeben. Irgendwann setzt sich der Bus in Bewegung, begleitet von ungefähr sechzig Kameraobjektiven. Der spannendste und doch zugleich peinlichste, unfassbarste Trainingstag, den ich je erlebt habe, ist vorbei. Ein 30-Minuten-Spektakel, das fast niemand der beteiligten Franzosen folgenlos überstehen wird.

Die Mannschaft scheidet nach der Gruppenphase sieglos aus. Daheim in Paris tagt inzwischen ein Krisenstab. Die Sportministerin, der Präsident, alle verurteilen das Verhalten der Mannschaft aufs Schärfste. Domenech wird als Trainer entlassen, die Rädelsführer Ribéry, Anelka und Evra mit Sperren belegt. Es dauert ein Weilchen, ehe sich die französische Mannschaft vor den Augen der Welt rehabilitieren kann.

Für uns ist Knysna seitdem der Inbegriff eines Plädoyers für die Vor-Ort-Berichterstattung. Tatsächlich haben wir die besten Bilder erwischt. Den ganzen Tag überspielen wir diese Einstellungen zu den Kollegen nach Johannesburg, garniert mit unseren eigenen Beobachtungen, authentischen Wahrnehmungen. Schlachten-Glück ist ein ebenso dämlicher wie politisch inkorrekter Ausdruck, aber Sie wissen, was ich meine! Viele andere TV-Anstalten erbitten bei uns Bildmaterial. Na, das hat sich mal gelohnt. Walter, Axel und ich lassen den Abend angemessen ausklingen und können immer noch nicht glauben, was wir an diesem Weltmeisterschaftstag mit erwachsenen Profifußballern erlebt haben. Sternstunden eines Journalistenlebens.

»Bist du bereit?«

»Claudia, ich traue dir jederzeit zu, ein Männerspiel sachlich, fachlich sauber zu kommentieren. Ich glaube nur, dass viele sich an der Frauenstimme stören werden. Willst du dir das antun?« So ähnlich warnt mich Dieter Gruschwitz. Ich bin unschlüssig, denke eher: Nein, nicht um jeden Preis.

Die Olympischen Spiele in London 2012 scheinen aber ein geeigneter Rahmen für diesen Versuchsballon. In Abwesenheit beider deutscher Mannschaften, weder Männer noch Frauen konnten sich qualifizieren, rutschten die Übertragungen der Fußballturniere in den Online-Stream. Ich kommentiere unzählige Frauen- und Männerspiele live aus der Box im Internationalen Fernsehzentrum. Bis mich Freitagmittag in der zweiten Olympiawoche der Anruf von Anke Scholten erreicht. Sie ist die ZDF-Olympia-Programmchefin und erwischt mich auf dem Crosstrainer im Fitnessraum des Londoner Hotels.

»Wo bist du, was machst du?«, fragt sie.

»Fitnessraum, Pause, Vorbereitung für morgen«, stammle ich kurzatmig ins Handy. Das Männerfinale zwischen Brasilien und Mexiko ist online in der Programmplanung für 15 Uhr angesetzt.

»Ja, das dachte ich auch«, sagt Anke, »aber wir werden das Spiel komplett im Hauptprogramm zeigen.« Zu jener Zeit in der Außenwirkung noch ein gewaltiger Unterschied. Gefühlte Endlospause in der Leitung, mein Hirn bekommt Flügel. »Bist du bereit?«, höre ich sie noch fragen.

»Wow! Klar, logisch!« Ich freue mich riesig!

Runter vom Crosstrainer, ran an den Schreibtisch, bis zwei Uhr nachts lese ich alles, was ich zu den Finalisten recherchieren kann. Die Brasilianer übrigens mit allen Stars der A-Nationalmannschaft, die Teams sind fast identisch, Neymar ist der kommende Superstar.

Olympiafinale zwischen Brasilien und Mexiko im Wembley-Stadion, was für eine Premiere im Hauptprogramm. Viel mehr geht nicht. Das Vorhaben, eine Pressemeldung über die erste TV-Kommentatorin eines Männerspiels herauszugeben, kann ich gerade noch verhindern. Ich bitte Anke darum, es zu unterlassen. Ich hatte noch genug von dem Firlefanz während der Frauen-WM im Jahr zuvor. Außerdem befinden wir uns alle auf der Zielgeraden anstrengender Arbeitswochen, nichts an meinem Schaffen rechtfertigt einen persönlichen Fokus. Dafür bin ich viel zu sehr Teamplayer. Die Pressemitteilung ist vom Tisch, das Finale ein spannendes Spiel mit einem nicht unverdienten Außenseitersieg. Gold für Mexiko! Vereinzelt Blech aus den sozialen Netzwerken, sehr vereinzelt. Müssen Frauen denn nun alle Männer-Domänen knacken? Müssen nicht, dürfen aber, wenn sie können.

Als mit Stéphanie Frappart im August 2019 erstmals eine Frau ein viel beachtetes internationales Männerspiel pfeift, ist es Jürgen Klopp, der mit ganz starken Worten diese Premiere flankiert. »Es ist an der Zeit. Ich bin sehr glücklich, dass wir Teil dieses historischen Moments sein können. Es ist überfällig«, erklärt der aktuelle Champions-League-Sieger vor dem Supercupspiel zwischen Liverpool und Chelsea. Klopp ist sich der Wirkung seiner Aussagen bewusst. Fügt dann sicherheitshalber noch an: »Ich werde mich von meiner besten Seite zeigen – sonst würde meine Mutter sauer werden.« Und im Anschluss an eine tadellose Schiedsrichterleistung legt er noch mal nach: »Hätten wir so gespielt, wie sie gepfiffen hat, dann hätten wir 6:0 gewonnen.«

Keine Kampagne der Welt könnte wirkungsvoller sein als Klopps bockstarke Verbal-Unterstützung.

4:0

Im Fadenkreuz der Stimmungsmacher

Frau macht Fehler, man auch

»Wiedwald macht das Spiel schnell«, kommentiere ich einen weiten Abwurf des Torwarts während des samstäglichen Topspiels zwischen Bremen und Dortmund. Der BVB brilliert an der Weser, gewinnt am Ende deutlich mit 5:0. Der aufmerksame Kenner hat den Fauxpas längst entdeckt. Mir ist der Blick noch Stunden später vernebelt. Auch den Kollegen flutscht das Ding durch, vielleicht weil es ein so banaler, dämlicher Fehler ist.

Das Samstagabendspiel der Fußballbundesliga wird mit heißer Nadel gestrickt, unter Hochdruck produziert. Obwohl die längere Zusammenfassung mit allen Reaktionen erst knapp zwei Stunden nach Spielende im Sportstudio gesendet wird, stehen alle Beteiligten unter Zeitdruck, weil das Gesamtprodukt einige Zeit vor Ausstrahlung sendefertig sein muss.

Ich gehöre zum Pool der fünf Reporter, die dieses fürs ZDF exklusive Spiel gelegentlich kommentieren dürfen. Das bedeutet, dass ich während des Spiels die Schnittfolge für die Zusammenfassung per Kommando zum MAZ-Redakteur in das sogenannte Schnittmobil durchgebe, gleichzeitig das Geschehen auf dem Rasen verfolge und einen Stakkato-mäßigen Kommentartext verfasse. Das Ganze wird dann am Ende mit den zugehörigen Interviews auf eine Länge von dreizehn bis zwanzig Minuten montiert und von mir vertont. Danach sofort nach Mainz überspielt und von dort gesendet. Die Sendungsverantwortlichen sitzen schon auf heißen Kohlen, denn erst mit der Sendebereitschaft des Topspiels kann die Aufzeichnung des Sportstudios beginnen.

Bei jenem Spiel in Bremen, vor einigen Jahren, habe ich die beiden Torhüter verdreht. Da war doch was, ja, ja, dieses im Eifer des Gefechts Verwechseln von Namen ist ein mich hin und wieder aufsuchender Fehlerteufel. Natürlich ist es der Dortmunder Weidenfeller gewesen, der das Spiel des BVB schnell gemacht hat. Wiedwald steht auf der anderen Seite und hat damit gar nichts zu tun. Ich hoffe inständig, dass mein Bock keinen kausalen Zusammenhang zu seiner späteren Karrieretalfahrt zulässt.

Als ich mit meinen beiden Kollegen später im Hotelzimmer das Spiel im Sportstudio verfolge, fährt uns allen plötzlich der Schreck in die Glieder. Alle bemerken den falschen Namen sofort, vorher beim Check ist es durchgegangen. Jetzt kann man sicher sagen, saublöder Versprecher, aber wenn du deine Fehler in aller Öffentlichkeit machst, erlebst du immer einen Widerhall. Mal mit Häme und Spott, mal aber auch im Zusammenhang einer gewagten Interpretation bis hin zur ultimativen Verteufelung. Nichts versendet sich mehr, wie das früher gerne bezeichnet wurde. Einmal gesagt, ist nie mehr zurückzuholen, so ist das heute in Funk, Fernsehen und Internet. Berufsrisiko.

Irgendwann habe ich angefangen, mich mit dem Umgang und der eigenen Verarbeitung von Fehlern auseinanderzusetzen. Das war nötig, schlussendlich sehr hilfreich. In den Anfangsjahren als Redakteurin und Reporterin habe ich oft erlebt, wie man versucht hat, persönliche Fehlleistungen unter den Teppich zu kehren.

Kritik einstecken und austeilen ist ein ziemlich sensibles Gebilde. Wie offen und transparent kann ich Schwächen zugestehen, ohne mir selbst den Ast unterm Hintern abzusägen? Und in welcher Tonlage, mit welcher Wortwahl kann ich Hervorbringungen oder auch Defizite anderer kritisieren, ohne persönlich zu werden und mich als Ankläger zu produzieren? Die Belastbarkeit, die Reizschwelle ist da sehr unterschiedlich. Ich denke schon, dass ich im Verlauf der Jahre einiges in meinem Verhalten justiert habe. Anfangs eher unbewusst, nun aber doch sehr reflektiert, gleichwohl gelingt nicht immer der Königsweg.

Irgendwie beschleicht mich die Vermutung, dass wir im gesellschaftlichen Miteinander keine gesunde Fehlerkultur leben. Viel zu oft macht es den Eindruck, dass sich Menschen an den Fehlern anderer laben, auch um eigene zu kaschieren. Der eine Fehler dominiert dann die Berichterstattung und wird zum medialen Verkaufsschlager.

Dass ich mit meinen Kommentaren durchaus polarisiere, ist Teil meines Jobs. Meine Statements, meine Fehler passieren vor laufender Kamera, quasi im Schaufenster der

Laufkundschaft. Wenn ich keinen akzeptablen Weg finde, danach mit der öffentlichen Kritik umzugehen, sollte ich lieber zu Hause bleiben. Dann bin ich fehl am Platz.

Wenn wir über Frauen im Fußballgeschäft reden, darf es auch keine Wattepackung geben. Wir wollen gleichberechtigt behandelt werden, das gilt für Anerkennung und Respekt genauso wie für Beurteilung und Kritik. Ein wahres Minenfeld, so wie ich das derzeit beobachte, die Verunsicherung bezüglich eines hier korrekten Verhaltens ist allerorten erkennbar. Ich erwarte Akzeptanz, was die Ausübung meines Jobs betrifft, bin empfänglich für jede sachliche Kritik, verbitte mir aber Beschimpfungen, Beleidigungen oder gar Bedrohungen. Was mich zudem ratlos, manchmal sogar fassungslos macht, sind vermeintlich professionelle Medienkritiken, wenn zum Beispiel ein Kollege schreibt: »… sie soll gesagt haben … upps, das wäre natürlich peinlich.« Mit Verlaub, »sie soll gesagt haben« ist peinlich. Meinung ungeprüft zu übernehmen, nur um die erwartbare Wirkung zu erzielen, finde ich schäbig. Gegen jedes Berufsethos. Ich darf doch voraussetzen, dass ein Kritiker meinen Kommentar oder Fehler selbst gehört und eingeordnet hat.

Mein öffentlichkeitswirksamster Fehler war sicher die Namensverwechslung zweier japanischer Spieler beim WM-Spiel Japan gegen Kolumbien:

Das Spiel begann furios: 6. Minute, Notbremse Kolumbien, Carlos Sanchez fliegt vom Platz. Elfmeter für Japan. Shinji Kagawa, der Dortmunder Bundesliga-Profi, verwandelt zur frühen Führung für Japan.

Kolumbien kann vor der Pause ausgleichen, ich habe ein gutes Gefühl, »sitze drauf auf der Partie«, wie wir es gerne nennen. Apropos sitzen, meine Blase drückt. Mit dem Pausenpfiff gebe ich rüber zu den heute-Nachrichten, dann der Sprint zur Toilette.

Zurück am Platz, schaut mich Mommi so seltsam an. »Was ist?«, frage ich. »Sag mal, hast du gerade gesagt, Osako von Mainz 05?« Er hat irgendeinen Hinweis aus Baden-Baden erhalten. Wie ein Blitz schießt es durch meinen Körper, Stromschlag, Schockstarre! Ich überlege, irgendwas kommt mir komisch vor. Osako vom Absteiger Köln wechselt zu Bremen. Muto bei Mainz. Okazaki, ehemaliger Mainzer, jetzt bei Leicester. Ist mir alles bekannt, sogar geläufig. Was ist da verrutscht? Mir dämmert was: Ich wollte die Rangfolge der japanischen Stürmer erklären. Welche Eigenschaften machen Yuya Osako derzeit zur Nr. 1 im Angriff, warum sitzen Muto und vor allem der verdienstvolle Okazaki nur auf der Bank? Bäng! Synapsen-Absturz, offenbar habe ich da etwas durcheinandergebracht. Mommi bekommt den Hinweis erst jetzt aus Baden-Baden, konnte meinen Kommentar selbst nicht hören, da er im Gespräch war. Sobald er eine Taste drückt auf seiner Kommando-Box, kann er mir nicht mehr zuhören. Das Gleiche, wenn ihn einer anspricht.

Alle Gedanken schwirren nun auf einmal durch die Birne. Noch zwei Minuten, dann bin ich wieder on air. Natürlich ahne ich, dass die Kritiker im Netz gerade zur Hochform auflaufen. Diesen Quergedanken kann ich in diesem Augenblick nicht verhindern. Scheiße! Einfach nur Scheiße!

Ich muss das jetzt abschütteln. Jetzt sofort!

»Drauf«, kommt das Kommando aus Baden-Baden. Ich kämpfe mich wieder rein in die Begegnung. Beim nächsten Ballkontakt korrigiere ich beiläufig den Verein von Yuya Osako, gebe meinen Fehler also zu erkennen. Der Rest verläuft im Rahmen, Japan gewinnt am Ende mit 2:1. Was bleibt, ist das furchtbare Gefühl, mich am Japaner böse verschluckt zu haben. Ich ahne die Folgen.

Das Erste, was ich am darauffolgenden Tag lese, ist eine WhatsApp-Nachricht von Olli Schmidt: »Weiter, immer weiter«, dazu ein paar Smileys. Ich muss tatsächlich lächeln. Olli weiß genau, worauf es ankommt. Natürlich lesen die Jungs auf Twitter und Facebook die Kommentare zu unseren WM-Übertragungen. Olli spricht nix aus und sagt doch alles. Bleib konzentriert, Fehler passieren, aber es geht immer weiter. Stark!

Auch viele andere Kollegen und Freunde melden sich per Mail, WhatsApp oder SMS. Es gibt viele nette Reaktionen auf meine Kommentare allgemein und natürlich auch auf das scheinbar ausufernde Bashing daheim. Johannes B. Kerner beispielsweise schreibt »… es hört sich alles richtig an, was und wie du kommentierst.« Klar freue ich mich über Wortmeldungen dieser Art. Parallel fragen viele Printjournalisten wegen eines Interviews an. Entweder in der ZDF-Pressestelle oder auch bei mir direkt per Mail.

Thomas Fuhrmann managt die Öffentlichkeitsarbeit souverän, in welchem Ausmaß er sich um »meinen Fall« kümmert, erfahre ich erst Wochen später. Er spricht ein Machtwort Richtung Presseabteilung: Keine Anfragen mehr weiterleiten! Alles direkt zu ihm, bitte schön. Wir reden auch kurz über meinen wenig köstlichen »Japan-Happen«: »Kann jedem passieren. Weitermachen … und grüß mir den Mommi!«

Mommi und ich verabreden eine leicht veränderte Arbeitsweise. Folge des Desasters. Mommi wird seine Kommunikation mit Baden-Baden reduzieren, um mir noch ungestörter zuhören zu können.

Auf dem Weg zum Stadion telefoniere ich mit Carlos, bitte ihn um Verständnis, dass wir weniger kommunizieren wollen. Wir werden dafür proaktiv nach Statistiken fragen, wenn wir glauben, dass es wichtig sein könnte. Er hat Verständnis, sagt aber auch, dass jeder, der was von Fußball versteht, meinen Fehler als Verdreher einordnet. Dann erzählt Carlos von Reinhold Beckmanns Auftritt in der Talk-Sendung »Lanz«. Mein einstiger Chef bei »ran« hat einen flammenden Appell an die Nörgler gerichtet. Ich muss gestehen, mir wird wohlig warm ums Herz.

Hass – die Grenzen des Zumutbaren

Natürlich beschäftige ich mich mit Entwicklungen in unserer Gesellschaft, besonders wenn ich in irgendeiner Form einen persönlichen Bezug herstellen kann. Dieser ungehemmten Erregungskultur bin ich noch nicht wirklich auf den Grund gestoßen. Motzen, meckern, maulen gegen alles, was einem gegen den Strich geht. Im Stadion spielt sicher das direkte Erleben von negativen Dingen, einem Gegentor oder der vermeintlichen Schiedsrichter-Fehlentscheidung, eine ursächliche Rolle. Multipliziert durch die Stimmen von tausend krakeelenden Fans.

Hass ist ein starkes Gefühl. Ein sorgsamer Umgang mit der Begrifflichkeit ist angebracht. Ein Kleidungsstück, eine Speise oder das Wetter muss ich nicht hassen, es reicht, wenn ich es einfach nicht mag. Viel zu leicht rutscht uns der Begriff im Alltag raus.

Aber was ist Hass, wo begegnet er uns? Aggressionen im Fußballstadion kommen diesem Gefühl manchmal schon ziemlich nah. Es ist oftmals eine winzige Minderheit, die eine sportlich faire Gesamtatmosphäre bedrückend vernichten kann.

Deren Motivation, alle Hemmungen an der Stadionpforte abzugeben, bleibt mir ein Rätsel. Alle Grenzen guten Benehmens zu unterschreiten, nur weil die emotionale Atmosphäre einer riesigen Menschenmasse die persönliche Verantwortung scheinbar kaschiert. Manchmal ist es regelrecht erschreckend, wie Gesichter zu Fratzen mutieren, Ablehnung, Protest und ja, auch Hass suggerieren. Mittlerweile nicht nur im Ultra-Block, dort also, wo die organisierten Fans der einzelnen Vereine sitzen. Der Nachahmereffekt findet auch im Familienblock seine Kandidaten. Dort beobachten wir zunehmend aggressives Verhalten. »Du blöder Hurensohn«, hallt es meinem Kameramann neulich im Mainzer Stadion entgegen. Absender ist ein kleiner Junge, maximal zwölf Jahre alt. Papa sitzt daneben und lacht sich kaputt. Da fliegen die Bierbecher in Richtung der Kameraleute und Fotografen, da hagelt es Verbal-Entgleisungen Richtung der sich warm laufenden Ersatzspieler. Immer häufiger höre ich von einzelnen Familienvätern, dass ihnen das Stadionerlebnis mit ihren Kindern verleidet wird. Das ganze Drumherum sei geprägt von dumpfer Aggression. Ein Hauch von Unbehagen entwickelt sich zum unliebsamen Begleiter.

Dass es zudem immer noch Gruppierungen gibt, die einen erheblichen Aufwand betreiben, um verbotene, grässliche Hasstransparente gegen einzelne Personen, wie zum Beispiel Dietmar Hopp oder Ralf Rangnick, in die Arena zu schmuggeln, macht mich fassungslos. »Wanted – dead or alive« garniert mit dem Galgen ist eines dieser unterirdischen und niemals zu akzeptierenden vermeintlichen Meinungsäußerungen. Unter dem Deckmantel des vermeintlich legitimen Protests gegen den Fußballkommerz. Lächerlich!

Fußball war immer ein Massensport, aber etwas gerät dort gerade in Schieflage. Es herrscht das Gesetz des Lauteren und Stärkeren, die Macht einer Minderheit kann gefährlich werden.

Im Netz scheint das ähnlich. Einer lässt seinem Unmut freien Lauf, andere hängen sich dran, immer mit der Absicht, noch einen draufzusetzen. Eine Challenge um den härtesten Tonfall, die kreativste Beleidigung, die absurdeste Bedrohung. Political Correctness ist dabei offenbar ein zusätzliches rotes Tuch. Je chauvinistischer, sexistischer, homophober die Äußerungen, desto größer der Beifall der anonymen Mitmach-Masse.

Schon 2016 während der Europameisterschaft gab es Bestrebungen seitens der ZDF-Verantwortlichen, strafrechtlich gegen manche Hater vorzugehen. In einem Telefonat hat mir Chefredakteur Peter Frey den juristischen Schritt nahegelegt und mir dabei jede Unterstützung zugesichert. Nach einem Beratungsgespräch mit unserem Justiziar habe ich mich seinerzeit gegen eine Strafanzeige entschieden, die in dem Fall ich selbst hätte stellen müssen. Ich empfand das einfach nicht als authentisch. Stets hatte ich wahrheitsgemäß betont, dass ich mir selbst diese Tweets und Posts gar nicht durchlese, gegen wen oder was sollte ich dann klagen?

Anders verhält es sich im Sommer 2018: Während der Weltmeisterschaft entscheidet das ZDF ganz allein, zwei Netz-User wegen Bedrohung einer Mitarbeiterin juristisch zu belangen. Mich erreicht diese Tatsache kurioserweise über eine Meldung im Heute Journal.

Das ZDF hat sicher auch auf sanften Druck gehandelt. Vertreter des Deutschen Journalistenverbandes, Genderbeauftragte und diverse andere Institutionen haben nachdrücklich Solidarität und Strafverfolgung gefordert. Ein gutes halbes Jahr danach habe ich mich aus purer Neugier nach dem Ausgang des juristischen Weges erkundigt. Täter nicht ermittelt, Verfahren eingestellt. Noch mal elf Monate später schafft es auch die Staatsanwaltschaft Mainz, eine entsprechende Aktennotiz zu versenden, um den Deckel zu schließen.

Andere Kollegen sind da erfolgreicher. Marcel Reif erzählt mir von einem Fall, als ein Hater ihn und seine Familie niederbrennen wollte. Reif, der als Kind einer jüdischen

Familie einen besonders schmerzvollen Bezug zum Holocaust hat, kann und will »niederbrennen« nicht straffrei an sich vorbeiziehen lassen. Er konsultiert einen auf Netz-Hetze spezialisierten Juristen, der den Täter ermittelt und der Justiz zuführt, die ihn letztendlich mit einer hübschen Geldstrafe belegt. Auch Dunja Hayali hat mithilfe findiger Rechtsanwälte schon erfolgreich geklagt. Es gibt also Mittel und Wege, die Anonymen zu enttarnen und empfindlich zu treffen. Hayalis wichtigstes Anliegen dabei: zu demonstrieren, dass das Internet kein rechtsfreier Raum ist.

Umso erstaunlicher, was sich am Landgericht Berlin im Herbst 2019 zugetragen hat. Der »Fall Künast« hat glücklicherweise hohe Wellen geschlagen, in medialer Bewertung ein Tiefschlag deutscher Justiz.

Titulierungen wie »Stück Scheiße«, »Geisteskranke« oder »Drecksfotze« winkten die Richter unter dem Deckmantel der Meinungsfreiheit höchst amtlich durch. Grünenpolitikern Renate Künast hatte diese und mehr Beleidigungen auf ihren Social-Media-Kanälen über sich ergehen lassen müssen. Ihre Klage auf Herausgabe der Absenderidentitäten scheiterte also, weil die Richter den Tatbestand einer Beleidigung im Kontext einer Sachauseinandersetzung partout nicht sehen wollen. Wow! Das ist harter Tobak, macht mich fassungslos. Kann der gesunde Menschenverstand im Dschungel von sicher notwendigen Abwägungen zwischen Paragrafen einer freiheitlich geprägten Demokratie so absaufen? Und auch wenn Renate Künast mittlerweile einen Teilerfolg erzielt hat und die Richter ihren Beschluss bei sechs Kommentaren revidierten und diese nun als Beleidigungen gelten, ist das Urteil ein Treppenwitz. Die weiteren sechzehn Kommentare, darunter u.a. »Die alte hat doch einen Dachschaden die ist hol wie Schnittlauch man kann da nur noch kotzen« oder »Pfui du altes grünes Dreckschwein« werden von den Richtern weiterhin als nicht persönlich herablassend eingestuft, und ihre Verfasser können nicht belangt werden. Und dies ist für Renate Künast vermutlich sogar das größere Übel als die Verschmähungen selbst. Noch ist das letzte Wort aber nicht gesprochen. Renate Künast und ihre Anwälte werden die Entscheidung in zweiter Instanz vor dem Berliner Kammergericht angreifen. Ausgang offen, doch ich hoffe darauf, dass solche Beleidigungen auch im Netz bald als Rechtsverstoß gelten.

Frauen, das habe ich mittlerweile recherchiert, werden überwiegend sexistisch angegangen. Ein jämmerlicher, verzweifelter Versuch, einer veralteten Geschlechterhierarchie zumindest als digitaler Heckenschütze neue Impulse zu verleihen.

Die sozialen Netzwerke brauchen dringend eine Image-Politur. Wie wär's mit einer leserlichen Gebrauchsanweisung ohne Risiken und Nebenwirkungen?

Da ich mich aber entschieden habe, auf den Austausch in persönlichen Netzwerken gänzlich zu verzichten, findet mein Bashing auf Fremdkanälen statt, ich werde in dem Fall nicht direkt angesprochen. Kaum lustiger, bestärkt mich aber darin, das Treiben in den sozialen Medien weitestgehend zu ignorieren. Auf Meinungsaustausch oder Diskussion stehe ich trotzdem. Und der findet auch immer häufiger statt. Am liebsten aber nach wie vor in der realen Welt.

Das Ende der »Sauren Gurke«

Der Vorwurf des Sexismus ist ein scharfes Schwert, kann sowohl für Kläger als auch für Angeklagte mitunter einen Stempel für die Ewigkeit bedeuten. Höchste Sorgfalt ist geboten.

Zugegeben, Martin Wolff ist ein vergleichsweise sensibler Kollege, den Negativkritiken und gefühlte Ungerechtigkeiten mehr belasten als dickhäutigere Menschen. So ziemlich genau das Gegenteil von dem, was man einen ungehobelten Macho nennt. Das, was ihm vor einiger Zeit widerfahren ist, kann einem tatsächlich aber den Boden unter den Füßen wegziehen. Ein Angriff direkt hinein in die Seele eines unbescholtenen Journalisten, dem maximal ein in Teilen inhaltlich misslungenes Interview mit der Tennisspielerin Angelique Kerber vorzuwerfen ist. Peanuts!

Die Verleihung der »Sauren Gurke« 2018 an den ZDF-Sportreporter Wolff aber ist eine üble Verkettung von Fehleinschätzung, Arroganz und Selbstgerechtigkeit. Mit der Folge, dass nun ein hässliches Etikett, im Internet jederzeit nachlesbar, an seinem Namen hängt.

Angefangen hat alles mit der großen Freude, kurzfristig die Live-Übertragungsrechte am Wimbledon-Finale der Frauen erworben zu haben. Mit Angelique Kerber steht 2018 eine deutsche Tennisspielerin im Endspiel des wichtigsten Turniers der Welt. Grund genug, ein solches Sport-Highlight im deutschen Free-TV anzubieten. In Windeseile wird ein ZDF-Redaktionsteam für die Übertragung zusammengestellt. Martin ist seit vielen Jahrzehnten unser Tennis-Story-Macher und -Interviewer, in der Szene als seriöser, kenntnisreicher Journalist geschätzt.

Kerber gelingt der große Wurf, gewinnt dieses Finale in zwei Sätzen gegen die scheinbar übermächtige Serena Williams. Aus deutscher Sicht die sportlich eindrucksvollste Leistung des Jahres. Auch Sportreporter fiebern mit, sind mitunter fasziniert von außergewöhnlichen Darbietungen.

Martins Siegerinterview noch auf dem heiligen Rasen von Wimbledon erfüllt alle Kriterien dieser journalistischen Disziplin. Der Zuschauer erlebt eine überglückliche Siegerin, die einerseits Einblick in ihre emotionale Verfassung zulässt, andererseits aber auch Auskunft gibt zur Spielstrategie und den entscheidenden Big-Points. Alles im Lot, bis zum nächsten Morgen, als Martin auftragsgemäß ein weiteres Interview mit Kerber führt, dessen Inhalt eher persönliche Facetten der ersten deutschen Wimbledon-Siegerin seit Steffi Graf 1996 beleuchten soll.

Diesmal geraten Martins Fragen tatsächlich ein wenig zu persönlich. Wie war das Aufwachen? Ist der Triumph schon in Kerbers Kopf angekommen? Wie hat sie ihn gefeiert? Mit welchem der beiden männlichen Finalisten würde sie lieber den traditionellen Tanz beim Champions Dinner begehen?

Ein lockeres Gespräch, in dem dem Interviewer im Übereifer allerdings doch mal die Gäule durchgehen, wie er selbst im Nachgang zerknirscht eingesteht. Und zwar, als er auf die Äußerung Kerbers, sie hätte nach dem Essen noch einen Club aufgesucht, nachfragt: »Und auch ein wenig geflirtet?«

Dennoch Grund genug für eine junge Hörfunk-Reporterin, den Kollegen an den Pranger zu stellen. Statt sportlicher Fragen habe den Interviewer nur Kerbers Flirtverhalten interessiert, seine Interviewführung sei eindeutig als sexistisch einzuordnen, bestätigt auch eine Genderforscherin in jenem Radiobeitrag. Dabei hatte Martin die Radiokollegin noch vor Erscheinen ihres Beitrags über die Genese des Kerber-Interviews aufgeklärt, auf das vorangegangene sportlich gehaltene Siegerinterview hingewiesen. Hier werden ethische Grundsätze unseres Berufsstandes eindeutig verletzt.

Auch die sogenannten Medienfrauen von ARD, ZDF, Deutsche Welle und ORF bekleckern sich in ihrem Verhalten Monate später nicht mit Ruhm, lassen gebotene Sorgfalt in ihrer Einordnung vermissen. Seit fast vierzig Jahren vergeben sie als übergeordnete Jury den jährlichen Negativpreis »Saure Gurke«. Martin Wolff scheint für sie der ideale Preisträger des Jahres 2018. Alle Argumente einer vorschnellen Verurteilung, wie zum Beispiel eine erklärende und dennoch selbstkritische Stellungnahme des Beschuldigten, werden offenbar gedankenlos beiseitegeschoben. Wolffs journalistische Hervorbringung sei sexistisch. Basta! Hauptsache ein Preisträger ist gefunden. Eine moderne Form der Ächtung. Der jahrzehntelang untadelige Ruf eines Kollegen ist mit einem Schlag schwer beschädigt. Zumindest im Netz. Bei allem gerechtfertigten Applaus für wegweisende Sensibilisierung durch mutige Frauen, die der #metoo-Debatte heftigen Wind unter den Flügeln verleihen: Nicht jedes übermotivierte, ungeschickte Verhalten darf bedenkenlos zur sexistischen Anklage erhoben werden.

Glücklicherweise ist Martin von einer riesigen Solidaritätswelle erfasst worden. Mann und Frau erheben gemeinsam die Stimme gegen ein Unrechtsurteil, entlarven fehlende Berufsethik, Sorgfaltspflicht und Empathie. Am Ende bleiben nur Verlierer, denn auch einige der Medienfrauen gestehen ihr Fehlverhalten. Aber leider erst, als das Kind schon im Brunnen liegt.

Immerhin: Die »Saure Gurke« hat ein Jahr später ausgedient. Nicht mehr zeitgemäß, ist von den Veranstaltern zu hören. Die jährliche Bringschuld habe möglicherweise den Blick vernebelt. Wie auch immer. Hingucken, achtsam sein, sauber einordnen ist wichtig. Der Pranger hingegen ein antiquiertes, aus der Zeit gefallenes Instrument.

Warum ich das an dieser Stelle erzähle? Weil der Umkehrschluss zu frauenfeindlichem Verhalten ebenso behutsam bedacht und gelebt werden muss. Schmerzhafte Erfahrungen im Umgang miteinander sind nämlich kein Frauen-Privileg. Auch das gehört zur Wahrheit von Gleichberechtigung.

Imagewechsel

An dieser Stelle sei die Frage erlaubt, was eigentlich dazu geführt hat, dass der TV-Sportkommentator in der Publikumsgunst so tief gesunken ist. Obwohl er für viele Sportfans sogar zu ihren Traumberufen gehört. In der kritischen Betrachtung von außen scheinen die Kommentatoren sogar den Moderatoren den Rang abgelaufen zu haben. Die Stimme aus dem Off strapaziert die Reizschwelle der nörgelnden Kundschaft mittlerweile viel häufiger als die Optik des Moderators im On.

Was uns Sportjournalisten alle eint, ist das miese Image des »Fans, der es auf die andere Seite des Zauns geschafft hat«. Der Verlockung, den Job auf ein paar komfortable Begleiterscheinungen zu reduzieren, können immer weniger widerstehen. Traumreisen, Nähe zu den Superstars, lockere, simple Arbeit und viel Freizeit, wabert so in den Vorstellungen der Kritiker.

Stimmt ja auch, möchte man am liebsten antworten, das ist aber nur die halbe Wahrheit.

Es fängt schon bei den Reisen an. Was war das für ein erhabenes Gefühl, als ich 1994 auf dem Weg zur Fußball-WM, dem Platz auf meiner Bordkarte folgend, plötzlich in der Business Class der Boeing 747 stand. Ja, so hat es angefangen. Komfortabel reisen, um leistungsfähig abzuliefern, so die Formel der privat geführten Sendeanstalten. Und ganz ehrlich, da war was dran. Bei SAT.1 habe ich in jenen Goldgräberzeiten der 1990er-Jahre nie jemanden über zu viel Arbeit, eine zu große Herausforderung quengeln hören. Da wurde sprichwörtlich in die Hände gespuckt und das Bruttosozialprodukt gesteigert.

Zeiten und Arbeitgeber haben sich geändert, heute wird an jeder Ecke gespart, dem gegenüber steht ein gesetzlich geregelter Arbeitsumfang. Vermutlich wie in den meisten anderen Berufen auch. Aber es glaubt doch nicht ernsthaft jemand, dass der durchschnittliche Sportreporter seine Motivation nicht aus der Leidenschaft für die Sache zieht. Für mich die wichtigste Voraussetzung, in diesem Job dauerhaft erfolgreich und glücklich zu sein. Und mit der Arbeitszeitbegrenzung kann in Wahrheit auch kein Journalist etwas anfangen. Ausgeprägte Leidenschaft funktioniert hier als ständiges Schwungrad für neue Motivation.

Der Trend der letzten fünfzehn Jahre immer mehr hin zu Live-Übertragungen hat den Bedarf an Live-Kommentatoren enorm erhöht. Speziell im Pay-TV und bei den Streaming-Diensten wird die teuer eingekaufte Ware schnörkellos an den Kunden gebracht. Abhängig vom redaktionellen Konzept und den finanziellen sowie personellen Möglichkeiten, mit üppigem oder reduziertem Begleitservice. Natürlich gibt es nach wie vor Reportagen, in denen das Sportereignis zusammengefasst und zeitversetzt gesendet wird, aber die große Faszination besteht für den TV-Zuschauer im Erleben in Echtzeit.

Schon die Pioniere unserer Zunft haben sich immer wieder mit gewissen Vorurteilen gegenüber dem Beruf des Sportreporters auseinandergesetzt. Während die Kollegen aus den Ressorts Politik, Wissenschaft und Feuilleton als stilistisch versiert und intellektuell gelten, wurden die Sportleute als Outsider oder Spinner bezeichnet, wie der ehemalige Sportchef von Radio Bremen, Helmuth Poppen, bereits 1982 in seinem Artikel »Resignation ist kein Standpunkt« im Fachmagazin Medien erklärt. »Wir beschränken uns in der Regel auf Fachsprache und Alltagssprache. Weil wir Angst vor großen Worten haben, weil wir – und dies nicht zu Unrecht – befürchten, nicht verstanden zu werden, weil wir unter Zeitdruck stehen. Weil es nichts Schwereres gibt, als Geschehenes direkt zu schildern, dabei noch Atmosphäre zu vermitteln mit den richtigen Fakten, dabei noch zu urteilen, nicht zu richten.« Zitat Ende. Was für prägnante Sätze, die muss man erst mal durch die Hirnwindungen schieben, um dann festzustellen, dass sie unverändert gültig sind. Helmuth Poppen hat bereits in den 1960er-Jahren Werder Bremens Europapokalspiele im Hörfunk live kommentiert, ehe er später auch Fernsehkommentator wurde. Im Unterschied zum Hörfunk lernt Poppen, im TV Informationen nur noch als Orientierungshilfe zu geben: »Erklärungen zu Technik und Taktik des Spiels, Hinweise auf nicht wahrnehmbare Eindrücke und natürlich auch wiederum Meinung.« Ein gutes Handwerk will immer auch gelernt sein.

Mittlerweile versteht sich ein nicht unerheblicher Teil der Fernsehjournalisten als eigene Marke. Moderatoren und Kommentatoren schließen sich PR-Agenturen an, haben eigene Manager oder Berater. Die persönliche Homepage erstrahlt im Hochglanz, das lässt manchmal weniger auf einen Journalisten schließen als auf einen Showmaster. Die Grenzen zwischen Information und Unterhaltung sind fließend, genauso inszenieren sich auch ihre Hauptdarsteller. Die sozialen Netzwerke sind in dem Fall mehr Segen als Fluch, hier kann ich meine Sympathisanten bestens bedienen, zuweilen auch charmant auf Linie trimmen. Ein Instrument für persönliche Zuschauerbindung. An diesem Punkt gibt der Journalist im Kommentator seine unabhängige, distanzierte Haltung auf, wird ein Teil der Community. Einst ein absoluter Tabubruch, heute eher aufgeweichte, aber legitime Doppelmoral.

Ja, exponierter Teil der Fußball-Berichterstattung zu sein birgt die Gefahr überhöhter Selbstdarstellung. Wer zu schnell aufsteigt, kann mitunter die Bodenhaftung verlieren. Und ja, das trifft auf TV-Leute deutlich mehr zu als auf Hörfunk- oder Print-Kollegen. Bedauerliche Wahrheit.

Einfach mal miteinander reden – Solidarität als wertvolle Kraft

»Entschuldigung, sind Sie nicht Claudia Neumann?« Höflich, zurückhaltend, fast ein wenig schüchtern erreicht mich diese Frage. Ich sitze am Hoteltresen des Best Western in Wembley. Gerade hat der BVB im Champions-League-Achtelfinal-Hinspiel eine 0:3-Packung von Tottenham Hotspur kassiert. Im Anschluss habe ich unten in den Katakomben des ehrwürdigen Wembley-Stadions meine Interviews geführt, um sie dann zu den Kollegen vom Morgenmagazin nach Berlin zu überspielen. Das ursprünglich angedachte Schaltgespräch am Morgen danach fällt aus, ein anderes Sportthema erfordert mehr Sendezeit. Darüber bin ich nicht ganz unglücklich, erspart es mir doch ein Aufstehen um fünf Uhr morgens.

Nach kurzem Fußweg zurück ins Hotel entschließe ich mich spontan zu einem Bier an der Bar, obwohl ich eigentlich noch ein paar Mails beantworten sollte. Ich mag es, hin und wieder auch allein am Tresen zu sitzen. Alle Fünfe gerade sein lassen nach einem langen Tag. Morgens hergeflogen nach London, dann mit Schnell- und U-Bahn von Heathrow raus nach Wembley. Hotel Check-in, Abholung Akkreditierung im nächsten Hotel, und dann ist's schon Zeit fürs Stadion. Kein Hexenwerk, aber permanent in Bewegung gegen die Uhr. Jetzt ist's fast Mitternacht britischer Zeit, ich bin ein bisschen müde und ziemlich durstig.

»Ja«, ich drehe meinen Kopf rüber zu den zwei BVB-Fans, die rechts neben mir am Tresen sitzen. Deutlich als Anhänger erkennbar in ihren schwarz-gelben Klamotten. »Wie fanden Sie das Spiel?«, fragt mich einer der beiden, tatsächlich an einer Antwort interessiert. Es entwickelt sich ein kleines Analyse-Gespräch über die zwei verschiedenen Halbzeiten der Dortmunder. In der Bewertung sind wir uns alle schnell einig: gute erste Hälfte, katastrophale zweite. Ich habe das Gefühl, dass die Männer, beide so um die dreißig, sich tatsächlich freuen, mit mir hier beim Bierchen über Fußball zu quatschen. Vorsichtig nähern sie sich dem Thema Netz-Bashing. Auch hier nehme ich jegliche Brise aus dem Segel, gebe ihnen deutlich zu verstehen, dass man mit mir über alles reden kann, kein Grund für Berührungsängste.

Ein angenehmes Gespräch über Fußball, meine Rolle und Fan-Verhalten. Als ich mich nach ungefähr einer halben Stunde verabschiede, denke ich: Nichts geht über vorurteilsfreie Kommunikation von Angesicht zu Angesicht.

Ähnliche Situationen habe ich speziell nach meinen WM-Kommentaren häufig erlebt. Ob das im oder um ein Fußballstadion stattfindet, im Flugzeug mit dem unbekannten Sitznachbarn oder nach einem TV-Studio-Besuch in Salzburg. Der anschließende Tenor geht tendenziell in die Richtung: »Jetzt sehen wir die Dinge anders, vielen Dank für das nette Gespräch.«

Ich darf gestehen, dass mir diese Begegnungen enorm viel Freude bereiten. Auch weil ich mich bestätigt fühle, dass es im realen Umgang miteinander eben doch anders funktioniert, als der rüde Ton im Netz uns weismachen will. Ebenso spüre ich, was es ausmacht, wenn skeptische oder gar zweifelnde Männer ihre Haltung mir gegenüber auf den Prüfstand stellen, weil sie im persönlichen Dialog einen ganz anderen Eindruck gewinnen und sie ihr Vorurteil einer Fußball kommentierenden Frau gegenüber möglicherweise überdenken müssen und das dann vielleicht sogar schaffen. Für mich die schönste Form der Überzeugungsarbeit.

Während der beiden bislang erlebten Sommer-Empörungswellen habe ich regelmäßig weit mehr Solidarität als Anfeindung gespürt. Unterstützung zu erfahren ist ein großartiges Gefühl. Es vermittelt die so wichtige Bestätigung: Du bist nicht allein, es geht auch anders.

Online-Petitionen noch während der Turniere, ich solle bitte schön das Finale kommentieren, zielen inhaltlich selbstverständlich an der Sache vorbei. Aus dem Gleichberechtigungsgedanken darf niemals die Konsequenz der Übervorteilung erwachsen. Das ist absolut kontraproduktiv, auch wenn ich die gute Absicht der moralischen Unterstützung durchaus erkenne.

Wenn Marcel Reif dann auch noch öffentlich das Wort für eine Kollegin erhebt, Reinhold Beckmann in der Talkshow bei Markus Lanz auf meine früheren Fußballqualitäten hinweist, sind das schon ziemlich unter die Haut gehende Wortmeldungen. Auch ARD-Moderator Alexander Bommes hat eine WM-Sendung mit dem Hinweis auf meine Spielkommentierung beendet und damit an ganz prominenter Stelle ein solidarisches Zeichen gesetzt. Und die beiden WM-Late-Night-Moderatoren Micky Beisenherz und Jörg Thadeusz tragen T-Shirts mit meinem Konterfei und einem Herz drauf. Unglaublich! Darauf muss man erst mal kommen. Ich bin maximal gerührt, gleichzeitig aber auch peinlich berührt. So viel Aufmerksamkeit, nur weil das Netz brüllt.

Auch viele Spieler, Manager oder Präsidenten aus der Bundesliga sprechen mir in den Folgewochen mehr oder weniger gut zu. Da soll mal einer sagen, das Fußballgeschäft sei alles außer warmherzig. Es sind die Menschen, die den Unterschied machen.

Ganz stark finde ich den Brief eines achtzigjährigen Mannes, der mir sein Bedauern ausdrückt bezüglich der heftigen Anfeindungen. Gleichzeitig beschreibt er seine jahrzehntelange Fußballleidenschaft, räumt ein, dass ihn seine geschwätzige Frau beim Fußball eher stört und dass er ehrlichkeitshalber auch erwähnen möchte, dass er eine Frauenstimme beim Fußballkommentar nicht für ideal hält. Möglicherweise aber nur deshalb, weil er es nicht gewohnt sei. Am Ende wünscht er mir viel Kraft und hofft, dass ich mich nicht verunsichern lasse, sondern meine kompetenten Kommentare genauso weiterführe.

Herrlich! Ehrlich, kritisch, höflich. Ich beantworte diesen Brief in aller Ausführlichkeit, gestehe ihm seine Haltung in allen Bereichen zu und bedanke mich für seine offenen Worte.

»Bei uns sitzen Sie in der ersten Reihe«, »Mit dem Zweiten sieht man besser«, »Mittendrin statt nur dabei«. Slogans zur Bewerbung des eigenen Programms, manchmal kreativ, immer mit der fein kalkulierten Übertreibung.

Auch im Mikrokosmos der Sportreporter gibt es anscheinend eine imaginäre Wahrnehmung von erster Reihe. Klar, beim Fernsehen suggeriert das allein die Bildschirmpräsenz, die Sicht- oder Hörbarkeit für den Zuschauer. Moderatoren, Kommentatoren und Interviewer haben sicher den größten Wiedererkennungswert, obwohl die Vielzahl der TV- und Streaming-Anbieter mittlerweile eine gewisse Austauschbarkeit nahelegt.

Meinen Sprung in die vermeintlich erste Reihe habe ich selbst überhaupt nicht so eingeordnet. Weil es letztendlich ja nur ein kleiner Schritt mehr ist, innerhalb meines Werdegangs als TV-Sportreporterin. Klar, eine Fußball-WM der Männer im öffentlich-rechtlichen Fernsehen zu kommentieren, ist eine sehr exponierte Aufgabe, darüber bin ich mir absolut im Klaren. Diesen ganz besonderen Stellenwert, diese mitunter ulkige Sonderrolle, begleitet von schriller Aufmerksamkeit, erhält sie aber nur aufgrund der Geschlechterfrage. Und bei aller persönlichen Überzeugung, die Fähigkeiten für diesen Job mitzubringen, ist es längst noch kein Qualitätsmerkmal gegenüber dem Schaffen männlicher Kollegen.

Also, cool bleiben, Ball flach halten. Der Genderdebatte immer schön gelassen entgegenblicken. Quasi deeskalierend wirken. Natürlich darf eine Frau kommentieren, wenn sie es kann. Aber sie muss nicht, nur weil ihr Genderdruck im Nacken sitzt. Niemand hat im Übrigen je behauptet, eine Frau könne es per se besser. Totaler Unsinn, der in so mancher Ablehnung frech unterstellt wird. »Jetzt glauben die Frauen also auch noch, dass sie besser Fußball kommentieren können als wir Männer!« Hallo? Hat nie jemand behauptet! Eine verräterische Schlussfolgerung, wie ich finde. Zeugt nicht gerade von einem gesunden, modernen Selbstverständnis. Da ist so manche Argumentation schlicht aus dem Ruder gelaufen.

Als mir eine Kollegin aus Dortmund während der WM im Sommer 2018 ein Rätsel per WhatsApp schickt, ist mein erster Gedanke: »So, so …« In einer Lokalzeitung wird in einem Artikel ein »Star gesucht«. Es folgen ein paar biografische Anhaltspunkte, und siehe da, sie meinen mich. Glücklicherweise kenne ich den ausgeprägten Ruhrpott-Humor von Steffi, es ist als kleiner Gruß mit netter Aufmunterung gedacht. Unten drunter die Worte »Für mich bist du schon lange ein Vorbild, da braucht es keinen Star-Status«. Ein wahnsinnig schönes Kompliment, für diesen Augenblick lasse ich dann auch den Begriff »Vorbild« einfach mal sacken. »Vorbild wider Willen« schwirrt es mir durch den Kopf.

Was ist heutzutage eigentlich ein Vorbild? Und wo liegt der Unterschied zum Idol? Letzteres ist wohl einfacher zu erläutern. Idole sind wahrscheinlich eher Menschen, die in einer bestimmten Art und Weise angehimmelt werden. Popstars, Schauspieler, Sportstars sowieso. Wolfgang Overath beispielsweise, mein Kindheitsidol. Nicht im

Traum habe ich daran gedacht, so zu werden wie er, wie auch? Ich hab' ihn einfach nur angehimmelt, weil ich sein Spiel so mochte. Idole bleiben für ihre Bewunderer in der Regel unerreicht. Ein eher undifferenziertes Verhältnis, geprägt von Leidenschaft und Emotion. Man schaut auf, ohne je auf die Idee zu kommen, Ähnliches schaffen zu können. Nun gut, bei Klaus Fischer komme ich mit dieser Logik nicht weiter. Seinen Fallrückziehern habe ich leidenschaftlich nachgeeifert, aber eben ohne je ein Fußballstar werden zu wollen. Prima, jetzt passt die These wieder in mein Bild.

Perfekt ist niemand, weder das Idol noch das Vorbild. Nie zuvor in meinem Leben bin ich so häufig als Vorbild bezeichnet worden wie in den Wochen und Monaten nach der Weltmeisterschaft. Das bloße Abwinken bringt mich auch nicht weiter, stattdessen beginne ich irgendwann, mir Gedanken zu machen, was die Leute wohl meinen. Erst die Auseinandersetzung mit diesen Gedanken lässt mich zu dem Schluss kommen, dass es niemals um Perfektion geht. Viel eher darum, Widerständen zu begegnen, sie auszuhalten und trotzdem man selbst zu bleiben. Gesunde Selbstreflexion und ein transparentes Fehlermanagement verfehlen ihre Wirkung beim gescheiten Publikum augenscheinlich nicht. Die Botschaft: »Ich bin nicht perfekt und ich will es auch gar nicht sein« ist sicher ein Mut-Macher, auch für Menschen, die zu oft nicht an sich selbst geglaubt haben. Sich vielleicht zu wenig zutrauen.

Wenn es das ist, dann bin ich gerne ein Vorbild. Wenn mir junge Kolleginnen sagen, dass sie meinen beruflichen

Weg seit Jahren verfolgen und als vorbildlich einstufen, empfinde ich tatsächlich tiefe Dankbarkeit und auch einen Hauch Verpflichtung, meine Erfahrungen weiterzureichen. Ja, mein Rollenverständnis hat sich ein wenig verschoben in den letzten Jahren. Die plötzlich deutlich vermehrt eintreffenden Einladungen zu Jubiläen, Branchenfeiern und Journalistenwahlen kann ich ganz gut einordnen, in dieser Themen-Gemengelage von Frau im Fußball, Netz-Hetze und persönlicher Widerstandsfähigkeit. Ein smarter Parallelweg, dem ich mich unlängst verpflichtet fühle, auf dem ich selbst so manche Leitplanke verschiebe.

Wider die Quote

Noch ein bisschen zögerlich, aber doch schon deutlich vernehmbar.

Erste Buhrufe, sogar zarte Pfiffe dringen in meinen Gehörgang. Ja, wo bin ich denn hier, durchfährt es mich, gibt's denn so was? Wenn auch leicht gequält, ein Schmunzeln kann ich mir nicht verkneifen. Verbohrt, engstirnig, unversöhnlich, eben Hardcore-Feminismus. Schon fühlt sich das mühsam verdrängte Vorurteil im Tiefsten meines Inneren frohlockend bestätigt. Nein, Hardcore ist zu negativ besetzt, das meine ich nicht. Mir geht's um Argumente, ein kluges, ausgewogenes Abwägen im Hinblick auf intelligente Handlungsstrategie. Wir brauchen keine Gesetze, wir brauchen Menschen, Entscheider, die den Gedanken leben, dass die Differenziertheit der Geschlechter eine Bereicherung ist. Und zwar in allen Lebenssituationen.

Ich sitze auf dem Podium einer gesellschaftspolitischen Veranstaltung »Kampf um Frauenrechte«, veranstaltet von der Friedrich-Ebert-Stiftung in Berlin. Hier oben werden Argumente ausgetauscht, dort unten im Publikum wird gemurrt. Spätestens seit ich begonnen habe zu erläutern, warum ich die Frauenquote zumindest in meinem Berufsfeld für wenig sinnvoll erachte.

Ältere Damen, wenige Herren, Studentinnen und politisch engagierte Leute, die sich an einem ganz normalen Werktag freimachen können, lauschen den Hervorbringungen diverser Frauen-Aktivistinnen und mir zum Thema Gleichberechtigung.

Ich habe schon so eine Ahnung von dem, was man ganz offensichtlich von mir erwartete, als man mich zu dieser Veranstaltung einlädt. Eine, die in ihrer Funktion als Fußballkommentatorin aufs Übelste beleidigt wird, muss ja den Kampf gegen die Männer-Dominanz leidenschaftlich führen. Muss ja irgendwie als sichtbare Spitze in den Feldzug geschickt werden.

Ich möchte hier wahrlich niemands Gefühle verletzen, aber das ist mir viel zu simpel gedacht. Natürlich hakt es noch an vielen Ecken und Enden, was Gleichberechtigung zwischen Mann und Frau betrifft. Da gilt es schließlich, eine jahrhundertelange Dysbalance auszugleichen. Überholte Denkstrukturen und Glaubensansätze aufbrechen, um letztendlich den rasanten gesellschaftlichen Veränderungen gerecht zu werden.

Ungeachtet dessen halte ich das Diktat der Quote in den meisten Fällen für wenig hilfreich. Geht es nicht eher darum, Frauen alle Möglichkeiten zu eröffnen, sie zu ermuntern, zu ermutigen, an ihre Fähigkeiten zu glauben, ihre Chancen zu ergreifen, anstatt mit wie auch immer definiertem Quotendruck Gefahr zu laufen, das Qualitätsprinzip auszuhebeln. Im schlechtesten Fall wird möglicherweise Mann seines Gleichberechtigungsanspruchs beraubt.

Unbeirrt versuche ich also bei dieser Podiumsdiskussion, den Zweiflern meine Haltung zu erörtern.

Dass sich in meinem Berufsfeld nach wie vor deutlich mehr Männer als Frauen tummeln, darf doch nun wirklich niemanden überraschen. In meiner Generation war ich auf dem Dorf weit und breit das einzige Fußball spielende Mädchen, während es so gut wie keinen Jungen gab, der nicht kickte. Jede folgende Dekade hat das Rollenverständnis zwischen den Geschlechtern ein klein wenig mehr verschoben. Auch wenn ich mir als Kind mehr Tempo in dieser Angelegenheit gewünscht habe, ist eine behutsame Entwicklung sicher die nachhaltigere. Ich erwarte auch nicht, dass ab sofort alle Männer auf dem Globus die Hälfte der Hausarbeit übernehmen. Und schon gar nicht, dass sie dazu gesetzlich verpflichtet werden. Gleichfalls empfinde ich es aber kaum verstörend, wenn Männer wie selbstverständlich den Staubsauger rasant durchs Wohnzimmer manövrieren. Man sollte weder Mann noch Frau überfordern in ihren Lebensgewohnheiten, das führt nur zu Verunsicherung auf beiden Seiten. Und aus Verunsicherung resultierten nur allzu häufig Frust, Enttäuschung und Ablehnung.

Viel zu oft empfinde ich die Fragestellung nach den Gründen für unterrepräsentierte Frauen im Sportjournalismus als sehr oberflächlich. Auch Studien namhafter Sportwissenschaftler zielen in ihrer Wirkung gelegentlich auf den Aha-Effekt, sind inhaltlich nicht ausreichend ausbalanciert.

Allein während meiner bald dreißigjährigen Schaffenszeit ist der prozentuale Anteil von Frauen in Sportredaktionen signifikant angestiegen. Mädchen spielen heute wie selbstverständlich Fußball, Handball oder Hockey. Betreiben sogar Kampfsport. Regina Halmich hat vor Jahren gar den Frauen-Boxsport zu beachtlichen TV-Quoten-Erfolgen geführt. Jutta Kleinschmidt beweist mit ihrem Dakar-Triumph 2003, dass auch Frauen schnell und geschickt ein Auto durch die Wüste navigieren können. Beide sind jeweils ganz wenige unter vielen Männern. Ja und? Sie haben gezeigt, dass es funktioniert, wenn die Qualität stimmt. Und sie werden ihre Nachahmer finden, eines Tages. Jeder darf, wenn er kann, keiner muss. Das ist meine favorisierte Devise.

Nur um Missverständnissen vorzubeugen: Diversität wird unsere Gesellschaft in allen Lebenslagen bereichern. Im Sport sowieso, auch im Fußballgeschäft. Nur habe ich Zweifel, dass eine gesetzlich vorgeschriebene Quote das Allheilmittel sein soll.

Wer beispielsweise plädiert für die Quote im Cockpit? Eine butterweiche Landung einer weiblichen Flugkapitänin finde ich fantastisch, bewundere sogar klammheimlich ihr technisches Know-how, weil ich diesbezüglich völlig talentfrei bin. Als Flugpassagier habe ich ein gewisses Eigeninteresse an den Fähigkeiten des Piloten. Die besten sollen ran, kein Quotendruck dieser Welt gibt mir ein gutes Gefühl im Schoß einer minder gut ausgebildeten Anfängerin. Safety first gilt nicht ausschließlich für die Luftfahrt.

Seit meiner Live-Kommentatoren-Präsenz bei großen Männer-Fußballturnieren ist vieles in Bewegung geraten. Die lautstarken Proteste haben das Gegenteil von dem bewirkt, was sich die Krakeeler ausgemalt haben. Anstelle vereinzelt geforderter Absetzung meiner Person, hat das Thema eine dicke gesellschaftspolitische Bedeutung erhalten. Die Personalentscheider aller Sportredaktionen basteln seither unter Hochdruck am Prinzip, dass auch Frauen als Sport-, sogar Fußballkommentatoren brauchbares abliefern können. Meine auf den ersten Blick negative Erfahrung hat demnach deutlich erkennbare positive Folgen. Man fühlt sich in der Verpflichtung, Frauen in diesem Jobumfeld wirkungsvoller zu begleiten. Hey Leute, das ist doch was?

Machen statt meckern. Nie war es leichter für Frauen, ihren Platz zu finden in der Fußballberichterstattung. Die Sportchefs rund um den Globus haben die Signale decodiert.

Verantwortungslos allerdings wäre es, Frauen unvorbereitet in diese Schiene zu schicken. Einerseits, weil möglicherweise nachweislich qualifizierte Männer ihre Posten räumen müssten, andererseits, weil ein Druck, welcher Art auch immer, nicht selten überfordert. Quotenregelung heißt auch Quotendruck. Früher oder später eine heftige Bürde.

Es ist schon gut, wenn der primäre Antrieb für das Erreichen eines Ziels von der Person selbst kommt. Eine formidable Räuberleiter vom Chef auf dem Weg nach oben ist die moderne Form von Führungsqualität. Solidarität zudem ein wunderbarer Begleiter.

Mit dem Quoten-Kopf durch die Wand ist nach meinem Empfinden das falsche Zeichen für alle Beteiligten. Den Überzeugungsweg, tradierte Standardwege zu verlassen, halte ich für subtiler und letztendlich zielführender. Gleichberechtigung überdies nicht als Einbahnstraße zu zementieren.

An jenem Tag in Berlin findet meine Message, gewonnen aus den gesammelten Erfahrungen, keine Mehrheit. Aber ich respektiere andere Haltungen, behaupte, im Leben nicht als Einzige die einzige Wahrheit zu kennen.

5:0

Frauenfußball und Fußballfrauen, eine Erfolgsgeschichte

Mein erstes Mal

Mehr als zehn Berufsjahre sind verstrichen, ehe mich der Dienstplan erstmals mit dem Frauenfußball in Verbindung bringt. Weil im Jahr 2003 die Frauen-WM erst im Herbst stattfindet, also nicht, wie üblich, mit der Tour de France kollidiert, werde ich von Sportchef Wolf-Dieter Poschmann als Nationalmannschaftsreporterin eingesetzt. ARD und ZDF übertragen seit Jahren die großen Frauenfußball-Turniere. Mein Interesse daran, das muss ich zugeben, hält sich bis dahin in überschaubaren Grenzen.

Erste Schnupperkurse bei Test-Länderspielen entfachen auch noch nicht die ganz große Begeisterung. Wohl beiderseitig, denn ich gehe den Damen mit meinen Wünschen nach Drehterminen und Interviews ziemlich auf den Geist. Einerseits wünschen sie zwar größere mediale Aufmerksamkeit, andererseits ist der Umgang mit Journalisten weitgehend ungewohnt. Der Frauenfußball fristet in Deutschland noch ein stiefmütterliches Dasein. Der Argwohn mancher Verantwortlichen gegenüber dem von vielen infrage gestellten Spitzenfußball der Frauen ist spürbar. Oberflächliche Betrachtungsweisen, wenig Fachkenntnis, möglicherweise auch allzu überhebliches Auftreten. Wahrscheinlich von allem etwas, auf jeden Fall keine Liebesbeziehung. Eher irgendetwas zwischen Vernunftehe und Zweckgemeinschaft.

Tina Theune (damals noch Theune-Meyer), die Bundestrainerin, ist zunächst meine Ansprechpartnerin für Absprachen aller Art, erst für das WM-Turnier in den USA setzt der Deutsche Fußballbund einen Pressesprecher ein. Es ist ein gegenseitiges Abtasten, ein Heranschleichen, jeder im eigenen Interesse. Das Produktionsvorhaben ist nicht vergleichbar mit dem einer Männer-WM. ARD und ZDF übertragen abwechselnd ausschließlich die deutschen Spiele, so dass die Live-Reporter, die Kommentatoren, gar nicht durchgängig vor Ort sind. Als EB-Reporter sind Martin Wolff und ich immer nah dran am deutschen Team. Mit unserem Kamerateam Walter Korth (ja, der Walter mit der gelungenen Bild-Regie in Knysna) und Cita Antoni entdecken wir ganz neue Möglichkeiten, denn so langsam während des Turnierverlaufs finden die Fußballerinnen ziemlich offensichtlich Gefallen an den Dreharbeiten. Für sie ist es eine willkommene Abwechslung im monotonen Training-Spiele-Hotel-Rhythmus. Nebenbei beginnen wir, den Frauenfußball besser zu verstehen, das Spielniveau sachlich einzuordnen, ohne es reflexartig mit dem des Männerfußballs zu vergleichen.

Zum Trainingsdreh bewegen Martin und ich uns gerne auf Inlinern, wenn es die Entfernung zulässt. So auch in

Washington. Inklusive eines kleinen Abstechers zum Weißen Haus, ohne da vorstellig werden zu wollen. Allerdings aus weniger starker Motivlage als vier Weltmeisterschaften später Megan Rapinoe zu Protokoll gibt.

Zum Viertelfinale und einem möglichen Halbfinale reisen wir, nicht auf Inlinern, nach Portland in Oregon hinüber an die Westküste. Eine Stadt, in der Liberalismus gelebt, eine Multikulti-Kultur gepflegt wird. Hier ist Frauenfußball kein Fremdwort. Im Gegenteil: Selbstbewusste, Fußball spielende Frauen werden von den Kids vergöttert. Die USA, als zweimaliger Weltmeister ohnehin so etwas wie das Mutterland dieses Sports, sind wunderbare Gastgeber. Besonders hier in Portland sind die Spiele das wichtigste Ereignis dieses Jahres, wichtiger als Baseball, Football und Basketball. So sieht es jedenfalls aus im Oktober 2003.

Das Viertelfinale gegen Russland ist überhaupt kein Problem, 7:1 für Deutschland. Klare Sache. Das Bemerkenswerteste an diesem Spiel ist mein Interview zuvor mit Maren Meinert. Oder besser mein Interview-Versuch. Als ich die Stürmerin nach den Stärken des Gegners befragen will, meldet Kameramann Walter plötzlich: »Sorry, Akku leer.« Kommt vor, ist mithilfe von Assistentin Cita blitzschnell gewechselt. Dann aber passiert Bizarres. Wir kommen einfach nicht mehr in die Spur vor lauter Lachen. Situationskomik ohne Sinn und Verstand. Kaum habe ich die Frage wiederholt, als würde ich sie zum ersten Mal stellen, muss Maren losprusten, macht dabei so eine witzige Grimasse, dass es auch um mich geschehen ist. Wir brauchen letztendlich gefühlte fünfzehn Versuche, bis das

Interview einigermaßen seriös im Kasten ist. Später präsentieren wir es mit allen Fehlversuchen auf der Gala »Sportler des Jahres«, ein echter YouTube-Hit.

Es folgt der Showdown im Halbfinale gegen die US-Girls, das vielleicht beste Frauenfußballspiel des Jahrzehnts. Die Mannschaft um Topspielerin Birgit Prinz muss das Unmögliche möglich machen, damit wir alle noch zum Finale nach Los Angeles reisen dürfen. Ohne Deutschland im Endspiel kein Sendeauftrag für uns.

Nach dem Abschlusstraining witzeln wir mit Nadine Angerer, der damals ewigen Nummer zwei im deutschen Tor. Sie hat sich in den vergangenen Tagen schon auffällig interessiert an unserer Arbeit gezeigt. Unverblümt also meine Frage: »Wie sind die Chancen für die L. A.-Reise?« Die Antwort verblüfft in ihrer Deutlichkeit: »Macht euch keine Sorgen, packt schon mal die Koffer.« Klartext ist ein Markenzeichen dieser authentischen Type, die Jahre später zur Welttorhüterin aufsteigt.

Die Partie verläuft famos! Ein nie dagewesenes Spieltempo, eine emotionale Kulisse von dreißigtausend US-Fans und eine taktisch klug eingestellte deutsche Elf. Torhüterin Silke Rottenberg gelingt das Spiel ihres Lebens, sie hält alles, was ihr entgegenfliegt. Und noch ein bisschen mehr. An jenem Abend spielen die besten Frauen der Welt. Mia Hamm, Kristine Lilly, Abby Wambach auf der einen, Birgit Prinz, Maren Meinert, Bettina Wiegmann auf der anderen Seite. Trotz der frühen Führung bleibt es ein Thriller bis hinein in die Nachspielzeit. 3:0 für Deutschland. Doch die nackten Zahlen führen in die Irre, es steht dauerhaft Spitz auf Knopf. Das Happy End ist für Deutschland reserviert. Das lässt auch uns Berichterstatter nicht kalt, ganz und gar nicht.

Juhu, wir fahren nach L. A.! Durch die Zeitverschiebung bekommen wir erst am nächsten Morgen Feedback aus der ZDF-Redaktion. Mainz »is calling«! Gute Übertragung, beachtliche Quote, aber das Finale übertragen ja die Kollegen der ARD. Wir stehen schon bepackt und abreisebereit in der Hotellobby, als die Produktionskollegin Folgendes ausrichten lässt: »Claudia, Walter und Cita fliegen nach L. A.. Martin, du zurück nach Frankfurt.« Oh, là, là, was ist denn das für eine Entscheidung? Martin ringt eine halbe Ewigkeit nach Worten, dann wirft er seine Tasche wütend auf den Boden. Nichts kann ihn trösten. Auch ich bin total enttäuscht, denn erstens ist unsere Zusammenarbeit prima, und zweitens habe ich irgendwie das Gefühl, dass eine Menge Arbeit wartet.

Es kommt wie erwartet, der deutsche Erfolg wird daheim von einem riesigen Medienecho begleitet. Außer uns TV-Leuten ist ja kaum jemand vor Ort, speziell die Printkollegen erstellen vor jeder Dienstreise eine sorgfältige Kosten-Nutzen-Rechnung. Finale stand nicht drauf. Schon gar nicht die kaum für möglich gehaltene Begeisterungswelle aus der Heimat, die es plötzlich medial zu bedienen gilt. Die Aussicht auf den ersten WM-Titel einer deutschen Frauen-Nationalmannschaft lässt einige Medienhäuser reagieren, sie schicken Kollegen zum Schauplatz. Die Fußballerinnen sind einen langen beschwerlichen Weg von Ablehnung über Ignoranz bis hin zu Akzeptanz gegangen. Und vielleicht gelingt ihnen jetzt sogar der Schritt zu wahren Sympathieträgerinnen.

Fast eine Woche bis zum großen Finaltag, das ist eine ungewöhnlich lange Vorbereitungszeit. Die Bundestrainerin muss ein Gefühl für die richtige Dosierung von An- und Entspannung finden. Und wir produzieren einen Film nach dem anderen. Die Nachfrage aller möglichen Sendungen im ZDF, auch außerhalb des Sport-Ressorts, ist groß geworden, die DFB-Kickerinnen sind schwer en vogue. Für den gewünschten Sportreportagen-Beitrag habe ich mir einen besonderen Dreh ausgedacht, mit Bezug auf Finalgegner Schweden. Alles schon abgesprochen und genehmigt. Wir spazieren mit ein paar Spielerinnen durch eine benachbarte IKEA-Filiale und lassen sie ein Billy-Regal aufbauen. Später im Schnitt musikalisch unterlegt mit »The Winner Takes it All« von ABBA.

Kurz vor Drehbeginn nimmt mich Tina Theune beiseite, bittet um mein Verständnis, eben nicht die gewünschten Spielerinnen zu nehmen, sie befürchte bei ihnen einen Spannungsabfall. Stattdessen schlägt sie ein paar Reservistinnen vor. Das muss ich akzeptieren. Zudem empfinde ich die Art, wie die Trainerin ihr Anliegen an mich heranträgt, als äußerst respektvoll. Unsere Zusammenarbeit hat sich weitgehend zu einem vertrauensvollen Miteinander entwickelt. Schlussendlich drehen wir mit einigen Ersatzspielerinnen, unter ihnen Nia Künzer. Niemand von uns ahnt im IKEA-Markt, dass ausgerechnet sie am Finaltag zum Golden Girl wird. Die Frankfurter Abwehrspielerin ist es, die kurz nach ihrer Einwechslung in der Verlängerung einen Freistoß von Renate Lingor per Kopf ins schwedische Netz wuchtet. 2:1, Golden Goal, »Deutschland ist Weltmeisterin!«, schreit der ARD-Kommentator voller Begeisterung ins Rohr. Frauenfußball ist ab sofort salonfähig hierzulande. Über die anschließende Siegerparty, zu der auch wir mitreisenden Journalisten eingeladen sind, wurde allgemeines Stillschweigen vereinbart.

Es folgt eine einzigartige Erfolgsgeschichte mit Titelverteidigung vier Jahre später in China, insgesamt acht Europameistertiteln und Olympischem Gold in Rio de Janeiro 2016.

Dass die Weltmeisterinnen bei ihrer Heim-WM 2011 ihrem Slogan »Fußball von seiner schönsten Seite« nicht folgen können, zeigt einmal mehr, wie sehr Erwartungsdruck im Sport lähmen kann. Diametral zur Gefühlslage der Protagonistinnen verläuft meine persönliche. Ich darf insgesamt sieben Spiele kommentieren, fühle mich angekommen auf dieser Job-Ebene. Angekommen, nicht durchgestartet. Die Zwischentöne bleiben von Bedeutung. Das insgesamt sehr positive Echo auf meine Arbeit als Kommentatorin weiß ich sauber einzuordnen. Ich bleibe beim gewohnten Flachpassspiel. Und: Mich muss schon lange niemand mehr überreden, vom Frauenfußball zu berichten. Meine Ignoranz ist jener Hochachtung gewichen, die jeder erfolgreiche Sportler verdient, egal ob Männlein oder Weiblein. Nur Deppen können so was nicht anerkennen.

»Im Kampf um den Ball verschwindet die weibliche Anmut, Körper und Seele erleiden unweigerlich Schaden und das Zurschaustellen des Körpers verletzt Schicklichkeit und Anstand«. Zitat Ende! Was für eine Formulierung. Exakt so begründet der Deutsche Fußballbund einst sein auferlegtes Verbot von Frauenfußball. Gefühlt aus einem anderen Jahrhundert, und doch geltend bis ins Jahr 1970.

Kein Wunder, dass sich meine Eltern so lange so schwertun, ihr fideles Mädchen von der Angel zu lassen. Etiketten zu lösen ist nicht ihr Ding.

Genau so ergeht es Hunderten von Exotinnen zuvor, die die Seele des Fußballspiels – entgegen des Zeitgeistes – unwiderruflich für sich entdeckt haben. Die Ausdauernden haben sich irgendwie durchgesetzt gegen alle Widerstände, gehören heute zu den Pionierinnen des Frauenfußballs.

Mitte der 1970er-Jahre werden sogar die ersten Frauen als Torschützinnen des Monats in der ARD-Sportschau gekürt. »Gar nicht so schlecht«, lautet das gönnerhafte Männergemurmel, angesichts des faszinierenden Solos von Beverly Ranger. Die Jamaikanerin erhält anschließend so viel Aufmerksamkeit, dass ihr ein Sponsorenvertrag angeboten wird. Nicht mehr als eine kurze Stichflamme im sanft lodernden Feuer eines immer noch riesigen Aschehaufens.

Zwölf Jahre nach der Aufhebung des Frauenfußballverbots findet 1982 das erste offizielle Frauenfußball-

Länderspiel einer deutschen Nationalmannschaft statt. 5:1 besiegt die Premieren-Elf in Koblenz die Auswahl der Schweiz. Zweifache Torschützin ist die damals achtzehnjährige Silvia Neid, die später als Bundestrainerin eine der größten Persönlichkeiten des internationalen Frauenfußballs wird.

Es ist die Zeit, in der die Frauen so langsam einen Fuß in die Tür bekommen. Verbände und Vereine erkennen das emanzipatorische Aufbegehren Fußball spielender Mädchen und Frauen, doch es bleibt ein zähes Ringen um kleine Fortschritte.

Kaum jemand kann dem Reflex widerstehen, das physisch deutlich softere Spiel der Frauen mit dem gewohnten Sehverhalten des Männer-Profifußballs zu vergleichen. Von ernsthafter Anerkennung kann jahrelang nicht die Rede sein. Die einen verspotten das aus ihrer Sicht seltsame Treiben dieser Mannweiber, die anderen machen gelegentlich gute Miene zum aus ihrer Sicht, lächerlichen Spiel. Die Fußballerinnen indes bleiben unbeirrt auf Kurs, denken nicht mal im Traum daran, die weiße Fahne zu hissen.

Einzelne sportliche Höhepunkte werden bald mit annähernd professioneller Begleitung des Deutschen Fußballbundes zu ersten kleinen Hinguckern. Generieren Neugier und Aufmerksamkeit. Beispielsweise der erste Europameistertitel der deutschen Frauennationalmannschaft 1989. Das Finale gegen Norwegen sehen 23 000 Menschen live im Stadion in Osnabrück. Deutschland gewinnt mit 4:1, rückblickend für viele Beobachter der entscheidende Dosenöffner für mehr Akzeptanz.

Sportlich sicher der Startschuss in eine glanzvolle Erfolgsgeschichte. Die Geschichte von Akzeptanz und Anerkennung steht indes noch auf sehr wackeligen Beinen. Von inhaltlicher Überzeugung kann bei kaum einem DFB-Entscheidungsträger die Rede sein. Von Konstanz und Konsequenz schon mal gar nicht.

Die Einführung der Frauen-Bundesliga mag ein nächster Schritt sein, ein Meilenstein ist sie noch ganz sicher nicht. Kaum jemand außerhalb der Frauenfußball-Familie nimmt Notiz vom nationalen Wettbewerb. Die DFB-Pokalendspiele werden fortan, sozusagen als Vorspiel, im Berliner Olympiastadion ausgetragen, bevor das große Männerfinale angepfiffen wird. Zumeist verlieren sich nur ein paar Hundert Zuschauer in der riesigen Stadionschüssel. Erst mit zunehmender Spieldauer trudeln die Männer-Fans ein und schunkeln sich auf der Tribüne in launige Stimmung, während unten auf dem Rasen die Frauen um den Titel spielen. Das Frauenfinale kommt nie wirklich über den Status eines wenig lieb gewonnenen Anhängsels hinaus.

Ein tatsächlicher Wendepunkt ist der erste WM-Titel-Gewinn 2003 in den USA. Immer mehr Menschen springen über den Schatten traditioneller Vorurteile, beginnen den Frauenfußball losgelöst vom Männerfußball zu betrachten. Aus vermeintlichen Mannweibern werden austrainierte junge Frauen mit Pferdeschwänzen und zunehmendem Selbstbewusstsein. Die Sogkraft der Gleichberechtigungsbewegung streift auch behutsam den Frauenfußball. Was den Amerikanerinnen seit Jahren fast spielerisch gelingt, nämlich eine Sportart kraftvoll, erfolgreich und doch feminin zu transportieren, gereicht den Deutschen zur Blaupause. Junge Mädchen orientieren sich an den Vorbildern dieser Generation, die ihre vom Erfolg begleitete Öffentlichkeit charmant und klug nutzen, um alte Vorurteile aufzubrechen, Negativklischees zu widerlegen. Typen wie Nadine Angerer, Ariane Hingst oder Nia Künzer bieten Persönlichkeitsmerkmale, die sogar für die Marketingindustrie interessant werden. Klug, meinungsstark, differenziert, dabei stets freundlich und pflegeleicht im Umgang.

Dass die Austragung der Weltmeisterschaft 2011 in Deutschland zu einem gehypten Marketingprodukt hochgejazzt wird, ist nur schwerlich den Protagonistinnen anzulasten. »Fußball von seiner schönsten Seite«, auch der Slogan kommt noch längst nicht ohne Klischeebedienung aus. Werbefiguren wie Fußballikone Franz Beckenbauer, der mit Frauenfußball nun wirklich nichts anfangen kann, darf man sich sparen. Die Botschaft stattdessen sollte lieber lauten: Niemand muss den Frauenfußball mögen, akzeptieren dagegen ist ein Gebot guter Manieren.

Auch heute hängen die Frauen noch bedenklich am Rockzipfel des männerdominierten Verbandes. Eine sportliche Flaute enttarnt den wahren Stellenwert abseits von Glanz und Gloria. Der neue Präsident hat sich die Weiterentwicklung des Frauenfußballs, die Forcierung des Gleichberechtigungsgedankens öffentlichkeitswirksam auf die Fahnen geschrieben. Bei seinen Vorgängern sind ähnliche Statements nicht mehr als Lippenbekenntnisse gewesen.

Warum das Wirken von Frauen in der Fußballbranche bei einigen Männern selbst heute noch Schnappatmung auslöst, bleibt ein seltsames Rätsel der Ewig-Gestrigen. Kann man ernsthaft glauben, der Fußball sei in seiner ganzen Vielfalt nur ein Refugium der Männer? Oder ist es eher ein krampfhafter Versuch, traditionelle Rollenbilder, wenn's sein muss, bis zum Verlust der guten Kinderstube zu verteidigen?

In Politik, Kultur oder Wirtschaft ist weibliche Kompetenz seit geraumer Zeit als Spektrumsbereicherung anerkannt, die Existenz von qualifizierten Frauen steigt stetig. Vielfalt ist auch auf Entscheidungsebene in akzeptabler Größenordnung angekommen. Im Sport, vornehmlich im Fußball, bleibt der Nachholbedarf augenscheinlich, wenn man sieht, dass beispielsweise derzeit keine einzige Frau im Vereinsvorstand eines Bundesligisten sitzt. Der Fußball bleibt ein von männlichen Hormonen gesteuertes Business, in dem Machterhalt oberstes Gebot zu sein scheint. Das Aufbrechen existierender Systembarrieren findet in aller Regel nicht von innen statt. Es ist einfacher, sich mit Gleichgesinnten zu umgeben, als mögliche Kontroversen aushalten zu müssen.

Ehrlich gesagt, mag ich mich an dieser Stelle gar nicht weiter über die Motivation der Skeptiker auslassen, sondern sie viel mehr an die Hand nehmen, ihre Ansichten zu überdenken. Spätestens seit der offiziellen Aufhebung des Frauenfußball-Verbots haben mutige Pionierinnen den

Weg geebnet. Mit Sach- und Fachkenntnis sowie bewundernswerter Durchsetzungskraft ihren Weg verfolgt, ihren Traum verwirklicht. Die dummdreiste Behauptung, Frauen haben keine Ahnung, überzeugend ins Reich der Fabel verwiesen.

Man muss nur mal genau hinsehen und gegebenenfalls die immer noch latent auftretenden Formen von verängstigter Ablehnung oder kleingeistiger Ausgrenzung markieren.

Höchste Zeit also, mal ein paar Geschichten zu erzählen, von Frauen, die mir in den vergangenen bald dreißig Jahren früher oder später über den Weg gelaufen sind, und die mir bis heute eine gehörige Portion Hochachtung abverlangen für das, was sie erreicht haben.

Ich erhebe hier im Übrigen keinen Anspruch auf Vollständigkeit. Frauen wie die aktuelle Bundestrainerin Martina Voss-Tecklenburg, die ehemalige Erfolgstrainerin Silvia Neid, die einstige Frauen-WM-OK-Chefin Steffi Jones oder auch Ex-Nationalstürmerin Inka Grings, die gerade als erste Frau einen Männer-Viertligisten trainiert und die mit fünf Treffern die bis heute geltende Höchstmarke an der ZDF-Torwand eingestellt hat, haben im Verlaufe ihrer Karrieren eindrucksvolle Visitenkarten bedruckt.

Meine Aufmerksamkeit gilt an dieser Stelle fünf außergewöhnlichen Frauen, die jede in ihrem Metier maximale Erfolge vorzuweisen hat. Alle hatten mit Widerständen zu kämpfen, alle haben sich durchgesetzt. Mit Fleiß, Leistung und Qualität. Und alle sind sich selbst dabei jederzeit treu geblieben.

Tina Theune – prescht vor, die erste deutsche Fußballlehrerin

Der Griff ins Archiv kann zuweilen höchst amüsant werden. In meiner Rolle als Filmemacherin stöbere ich häufig in den Schatzkisten historischer Bilder. Was ich da alles so finde unter dem Suchbegriff »Frauenfußball« zieht einem aus heutiger Sicht fast die Schuhe aus.

Alte Schwarz-Weiß-Bilder überwiegend ein wenig korpulenter Frauen, die einem Ball hinterherrennen. Sehr viel netter kann ich das auch nicht ausdrücken. Wim Thoelke, den Älteren unter uns eher als ehemaliger Showmaster bekannt, hat tatsächlich mal das Aktuelle Sportstudio moderiert und diese Bilder ziemlich ironisch, bisweilen gehässig bis sarkastisch kommentiert.

»Junge, Junge, Junge, aber die brauchen sich doch gar nicht aufzuregen, die Männer, die Frauen waschen doch ihre Trikots selber … decken, decken, nicht Tisch decken, richtig Manndecken …«

Das Publikum, von Thoelke regelrecht in Ekstase versetzt, schreit vor (Schaden-)Freude. Nicht mehr als eine vergnügliche Episode zeitgeistlicher Haltung. Männer sind die Starken, Frauen die zu Beschützenden. Jeder seltene Versuch, diese fast staatlich ausgerufene Feststellung zu widerlegen, darf getrost ins Lächerliche gezogen werden. »Political Correctness« erscheint wie ein Begriff aus einer Science-Fiction-Serie in einer Zeit, in der Rauchen salonfähig ist, und in der Whiskey trinkende Männer und Frauen als Stilikonen gelten.

Ungeachtet dessen zieht es auch die kleine Tina und ihre vier Schwestern auf den Bolzplatz in ihrem Heimatort Kleve am Niederrhein. Töchter eines für damalige Verhältnisse extrem aufgeschlossenen Pfarrers. Zudem leben die Eltern die Tugenden des Sports geradezu vor. Der Vater als begeisterter Leichtathlet, die Mutter spielt Feld-Handball. Ausgerechnet die Mädchen gründen dann in den 1960er-Jahren den Verein »FC Antonius«. Jungs kommen erst später hinzu, zeigen aber keinerlei Verhaltensauffälligkeiten in Anbetracht der tonangebenden Mädchen.

Sie üben Finten und Tricks, alles, was sie so sehen in den doch noch sehr raren TV-Übertragungen. Das Kopfballtraining wird kurzerhand in dic Sandgrube verlegt, denn die damaligen Aschеplätze verursachen bei Bodenberührung allzu schmerzhafte Verbrennungen auf der Haut. »Tapete ab«, wie die Radfahrer ihre Hautabschürfungen nach turbulenten Stürzen wenig mitleidig bezeichnen.

Die seinerzeit ungewöhnliche Unterstützung der Eltern, die offenbar früher als andere den konservativen Zeitgeist verdrängt haben, ermutigt Tina Theune, ihre Leidenschaft, den Fußball, weiter zu verfolgen. Später spielt sie beim FC Brauweiler, einer reinen Frauenmannschaft, und sogar in der Niederrhein-Auswahl.

1972 schreibt sie sich an der Deutschen Sporthochschule in Köln ein. Gero Bisanz, der später Nationaltrainer der neu gegründeten Frauen-Nationalmannschaft wird, ist Dozent in Köln. Theune die erste weibliche Studentin, die später als Diplom-Sportlehrerin ihre Ausbildung beendet. Ein Präzedenzfall, wenn man so will. Denn es mussten erst mal Voraussetzungen geschaffen werden, zum Beispiel die

Vergleichbarkeit von physischen Leistungen zwischen den Geschlechtern. Entsprechend musste die Noten-Praxis überdacht werden. Alles Einflüsse, die Turnvater Jahn zu Beginn des neunzehnten Jahrhunderts erspart bleiben.

Mit der Note 2,0 erhält Theune gleich die Fußball-B-Lizenz mit dazu. Ihr Weg, den sie auch heute, mehr als fünfunddreißig Jahre danach, immer noch als recht harmonisch in Erinnerung hat, ist in diesem Moment vorgezeichnet.

Gero Bisanz entwickelt sich zu ihrem großen Förderer. »Er hat dafür gesorgt, dass Frauen gleiche Bedingungen bekommen«, erzählt Theune. Ihr nächster Schritt ist der Angriff auf die Trainer-A-Lizenz, die sie schlussendlich 1982 besteht. Ihr damaliger Ausbilder Holger Osiek feiert acht Jahre später seinen wahrscheinlich größten Triumph als Fußballtrainer. Er ist die rechte Hand des Kaisers beim Gewinn des WM-Titels der Männer 1990 in Italien. Der Überlieferung nach nicht nur die rechte Hand, sondern auch das Hirn. Franz Beckenbauer ist ja schließlich die Lichtgestalt. Die sportwissenschaftlich bewanderten Fachleute bleiben in jeder Hinsicht die Schattenmänner, die im Bedarfsfall, also in DFB-Sprachregelung im Notfall, auch die Frauenausbildung an der Backe haben.

Osiek kann anfangs seine Skepsis gegenüber Frauen in der Trainerausbildung nicht verbergen. »Es hat ein Weilchen gedauert, aber später war er regelrecht begeistert«, erinnert sich Theune.

Es kommt, wie es kommen muss. Tina Theune setzt 1985 die nächste Marke als erste Frau. Diesmal schon vielfach beachtet, erhält sie vom Deutschen Fußballbund die

Fußballlehrer-Lizenz, die bis heute höchste Auszeichnung in diesem Berufsfeld.

Wieder wird der Blick ins ZDF-Bildarchiv für mich zum reinsten Vergnügen. Jungredakteur Béla Réthy ist der Autor eines Berichts über die erste deutsche Fußballtrainerin. In einem Interview verfolgt er die damals wie heute recht öffentlichkeitsscheue Theune hartnäckig, um ihr ein paar Worte des Stolzes zu entlocken. Köstlich! Mit der Kamera in ihrem Dunstkreis kann sie wenig anfangen. Das ist ewig so geblieben.

Wer wie ich Tina Theune in ihrer beruflich erfolgreichsten Zeit kennengelernt hat, mag kaum glauben, wie fröhlich und auskunftsreich sie jetzt ihre eigene Geschichte erzählt. Entspannt, vielleicht auch mit dem nötigen Abstand und einem Hauch Stolz blickt sie zurück auf wesentliche Markierungen des Frauenfußballs. Und das, obwohl sie mit fünfundsechzig Lebensjahren gerade erst ein neues Kniegelenk bekommen hat und mitten in der Rehabilitation steckt. »Ich muss erst wieder laufen lernen, aber das kann ich ja ganz gut«, Zitat Theune. Die Frau hat noch einiges vor.

1986 wird sie Co-Trainerin der Frauen-Nationalmannschaft, an der Seite ihres einstigen Lehrmeisters Gero Bisanz, dem man diesen Auftrag auch erst schmackhaft machen muss. Es dauert noch ein ganzes Weilchen, ehe erste Erfolge dieser Mannschaft auch von der breiten Öffentlichkeit registriert werden, geschweige denn angemessen honoriert werden. Mit dem Gewinn des EM-Titels drei Jahre später gelingt zumindest der erste Aha-Effekt. Die Einordnung des Stellenwerts innerhalb des großen Fußballverbands lässt sich aber am besten ablesen an der geradezu grotesken Siegprämie. Während die Männer längst hübsche Geldsummen einstecken, gibt's für die erfolgreichen deutschen Fußballfrauen das berühmte Kaffeeservice von Villeroy & Boch. In der Folge gerne als aussagekräftiges metaphorisches Symbol der Unterschiede zwischen Männer- und Frauenfußball bemüht.

Schön, wenn man heute drüber schmunzeln kann.

Nach den Olympischen Spielen 1996 übernimmt Tina Theune den Job von Gero Bisanz, wird Chef-Trainerin der Nationalmannschaft.

Mit Hirn, Herz und Humor, wenn auch manchmal verstecktem, entwickelt sie die erfolgreichste Generation des deutschen Frauenfußballs. Der Gewinn des WM-Titels 2003 in den USA gerät zur Zeitenwende. Es geht ein spürbarer Ruck durch unser Land, was die bis dahin verkrustete Beziehung zum Frauenfußball betrifft. Altbackene Vorurteile werden haufenweise korrigiert und gegen aufrichtige Anerkennung eingetauscht. Zumindest außerhalb der eingetragenen Hardcore-Chauvi-Vereine.

Theune ist eine Frau der leisen, der weisen Worte. Selten erlebt man bei ihr diese typische Trainer-Attitüde auf dem Platz. Sie beobachtet, analysiert und spricht mit den Spielerinnen. Und sie schaut hinter die Fassade, sieht den Menschen, hat das Gespür für die psychologische Komponente. Andersherum mögen die Nationalspielerinnen ihre Trainerin, das ist für uns Berichterstatter zweifelsfrei zu beobachten. Ein respektvolles Miteinander im Glauben an die eigenen Möglichkeiten und im Wissen um bestehende

Vorurteile. Gemeinsam haben sie jedenfalls deutsche Sportgeschichte geschrieben und mittlerweile auch ihren Platz in der Hall of Fame des Deutschen Fußballmuseums in Dortmund gefunden.

Nach zwanzig Jahren im Trainerstab der Nationalmannschaft verabschiedet sich Theune 2005 mit dem insgesamt sechsten Europameister-Titel von der Nationalmannschaft, übergibt die Geschäfte an ihre Co-Trainerin Silvia Neid.

»Ich hatte alles erreicht, ich hatte Sehnsucht nach einer neuen Aufgabe«, erklärt Theune ihre Entscheidung.

Seither arbeitet die Fußball-Fachfrau als DFB-Sportlehrerin mit besonderen Aufgaben für Frauen- und Mädchenfußball. Sie kümmert sich um Trainerfortbildung, Talentförderung und entwickelt sportwissenschaftliche Projekte, um den Aspekten des modernen Fußballs auch im Frauenbereich immer gerecht zu werden.

Während der großen Turniere ist sie als Mitglied der FIFA Study Group regelmäßig als Spielbeobachterin unterwegs. Der geschulte Blick auf der Spur nach technischen und taktischen Trends. Alles im Auftrag der Weiterentwicklung des Frauenfußballs.

Während der Weltmeisterschaft 2019 in Frankreich treffe ich Tina und ihre ehemalige Spielerin und langjährige Juniorentrainerin Maren Meinert in Rennes beim verhängnisvollen Spiel der deutschen Mannschaft gegen Schweden. Wir rätseln nach Abpfiff über die Ursachen des überraschenden Leistungsabfalls der deutschen Nationalmannschaft, mit fast deckungsgleichen Ansichten. Erste misslungene Aktionen beschleunigen die Verabschiedung des Selbstvertrauens, es entsteht eine Lawine von Negativerlebnissen. Nichts klappt mehr. Je konfuser das deutsche Spiel wird, desto stärker, frecher treten die Schwedinnen auf. Die deutsche Mannschaft scheint auf alles vorbereitet, nur die Drucksituation lässt sich schwer simulieren. Aber wem sag ich das? Widerstände zu überwinden ist seit jeher eine zentrale Herausforderung, dieser Generation ist diese Fähigkeit zumindest vorübergehend verschüttgegangen. Alles eine Frage von Geduld in dieser Phase der Entwicklung, sagt die Bundestrainerin. Die erste ebenso wie die aktuelle.

Monika Staab – weltweite Botschafterin, bleibt am Ball

Entwicklung ist das ideale Stichwort. Sie ist Entwicklungshelferin im wahrsten Wortsinn. Weltweite Botschafterin des Fußballs. »Pionierin des Frauenfußballs«, so bezeichnet sich Monika Staab gern selbst, wenn sie mal wieder gefragt wird, was genau denn nun ihre Berufsbezeichnung sei. In mehr als dreißig Ländern dieser Erde hat Monika Staab bereits Trainerausbildungsprojekte geleitet, die Botschaft vermittelt: Fußball ist nicht allein Männersache.

Vielfliegerin im Auftrag der Fußball-Gleichberechtigung. Monika Staab, Jahrgang neunundfünfzig, hat ihre Berufung in dieser weltweiten Mission gefunden. »Ich bin schon ein bisschen stolz, dazu beigetragen zu haben, dass Frauenfußball weltweit auf dem Vormarsch ist«, gesteht sie ganz bescheiden.

Nur fünf Jahre jünger als Tina Theune, ihr Werdegang in Kindertagen ähnlich, aber keine Schablone. Fußball gespielt mit den Jungs, sehnsüchtig gewartet, bis das erste Frauenteam im Ort Wettkampfbedingungen bietet. Als insgesamt erst vierte Frau absolviert Staab ihre DFB-Trainerlizenz zehn Jahre nach der Pionierin Theune. Schon ein Indiz dafür, wie gemächlich es vorangeht mit den Trainerinnen. Heute, weitere fünfundzwanzig Jahre später, gibt es in Deutschland um die dreißig weibliche Absolventinnen der höchsten deutschen Fußballlehrer-Lizenz. Die Männer Anzahl dem gegenüberzustellen macht keinen Sinn. Es werden noch Jahrzehnte ins Land ziehen, ehe sich die Zahlen tatsächlich annähern. Das ist aber gar nicht der Casus Knacksus. Solange interessierten, begabten Frauen nicht finstere, übermotivierte Türsteher den Weg versperren, sollten wir gesellschaftshistorisch bedingten Vergleichszahlen auch nicht allzu viel Bedeutung zumessen. Daraus entstehen für meinen Geschmack zu häufig völlig überflüssige populistische Parolen. Gespielte Empörung macht genauso wenig Sinn und ist der Sache selten förderlich. Die Frage ist doch niemals: Männer oder Frauen, sondern stets Männer und Frauen bitte schön.

Monika Staab sieht sich hauptsächlich als Kämpferin für Gleichberechtigung im Fußball. Dafür ist ihr kein Pfad zu holprig, keine Tätigkeit zu suspekt. Als Trainerin feiert sie grandiose Erfolge mit dem 1. FFC Frankfurt, zu deren Gründungsmitgliedern sie gehört. Zwischen 1999 und 2004 gelingen vier Meisterschaftstitel, fünf DFB-Pokalsiege und der erste Champions-League-Titel nach Gründung dieses Wettbewerbs.

In dieser Zeit nehme ich Monika Staab nur peripher wahr, da ich, wie bereits gebeichtet, um den Frauenfußball noch einen großen Bogen mache.

Damals bin ich einfach noch nicht reif genug, noch nicht schlau genug, um zu erkennen, worum es diesen Frauen geht und wie unfassbar dilettantisch es ist, in so eng gefassten Maßstäben unterwegs zu sein.

Neben den erfolgreichen Trainerjahren ist Monika Staab auch gleichzeitig die Präsidentin des FFC. In Doppelfunktion doppelt gut. Gemeinsam mit dem umtriebigen Manager und Investor Siggi Dietrich formt sie den 1. FFC Frankfurt zum erfolgreichsten Verein der Welt, zum absoluten Branchenführer. Kreativ, mutig, innovativ haben die Macher um Staab und Dietrich einen Vorbild-Club im Frauenfußball geschaffen, an dem sich in den Folgejahren viele Konkurrenten orientieren. Frankfurt ist tatsächlich mal das Mekka des Frauen-Vereinsfußballs, immer hübsch in Szene gesetzt von Tausendsassa und Berufsoptimist Siggi Dietrich. Mit viel Energie und Überzeugungskraft bastelt und bettelt er an allen Ecken und Enden für ein neues Öffentlichkeitsbild Fußball spielender Frauen. Mit Unterstützung der damaligen Bürgermeisterin Petra Roth entwickeln Staab und Dietrich einen Hotspot für ambitionierten, zukunftsweisenden Frauenfußball. Ein perfektes Beispiel, wie eine gelungene Marketingstrategie Verein und Standort profitieren lässt. Die Bankenstadt bastelt am Image, zeichnet mehr denn je ein Bild von moderner Toleranz. Da kommt der Frauenfußball gerade recht.

Genau an diesem Punkt, wo die sportlichen Erfolge auch Monika Staab einen Höhepunkt nach dem anderen liefern, entschließt sich diese Frau für einen entscheidenden Cut in ihrem Leben. Natürlich auch deshalb, weil jede Erfolgsgeschichte einmal ein Ende findet, in diesem konkreten Fall in einer Art Machtkampf zwischen den Alphatieren Staab und Dietrich.

Schon als junge Spielerin sucht Staab die Herausforderung im Ausland, spielt in Frankreich und England, um Sprache und Kultur kennenzulernen, natürlich weitgehend unter dem Radar. Fußball ist für sie schon immer mehr als nur ein Hobby, Fußball ist auch Ausdruck eines Lebensgefühls. Für eine junge Frau, Tochter eines Bäckermeisters, in den 1980er-Jahren sicher auch eine Chance, gewissen Konventionen zu entfliehen.

Ihre Neugier ist auch eine Antriebsfeder für die neue Herausforderung. Im Auftrag der FIFA, dem Weltfußballverband, zieht Staab nach Bahrain, um dort eine Frauen-Nationalmannschaft aufzubauen. Es ist kein Zufall, dass die arabischen Länder, geprägt von islamischer Kultur, ganz oben auf der Missions-Agenda der FIFA stehen. Nach der Jahrtausendwende reift auch im Machtzentrum des Fußballs die Erkenntnis, die enorme Popularität dieses Sports wirkungsvoller auf gesellschaftlichem Parkett zu etablieren. Der aufstrebende Frauenfußball kommt da gerade recht. Mit dem heißen Atem der einflussreichen Fußball-Entscheider im Nacken die Chance suchen, Lebensumstände in fremden Kulturen zu verändern. Immer noch extrem beschnittene Frauenrechte in jenen arabischen Staaten zu entfesseln, westlichen Standards anzugleichen. So ungefähr die Idee, die hinter dem Engagement steckt. Entgegen aller Tradition und religiösen Verankerung. Kurze Hosen statt Burka, ein Überzeugungsmarathon wie ein Himmelfahrtskommando. Ungeachtet dessen ziemlich schlau, denn über Sport respektive über Fußball lässt sich vieles leichter kommunizieren. Selbstwertgefühl westlich geprägter Frauen beispielsweise.

Aus sanftem Druck sind mittlerweile vielerorts Forderungen mit ultimativem Gebot geworden. Iranische Frauen haben die öffentliche Bühne der Männer-WM in Russland genutzt, um ihr Recht auf Stadionzutritt zu erzwingen. Wirkungsvolle Proteste münden in öffentlichem Druck. Keine mögliche WM-Teilnahme des Iran 2022 ohne offizielle Aufhebung des Stadionverbots für Frauen. Die FIFA macht ernst. Auf die letzte Konsequenz darf man gespannt sein.

Auch die kleinen Schritte von Monika Staab haben diesbezüglich große Fußspuren hinterlassen. Wie viel Mut, Kraft und Optimismus braucht man, um einen solch entscheidenden Lebensschritt zu wagen? Alles Gewohnte, Liebgewonnene inklusive aller Bequemlichkeit und sozialer Bindungen, die uns unsere Demokratie bietet, hinter sich zu lassen, um einen Kampf zu führen, dessen Ausgang komplett von der Bereitschaft anderer abhängig ist? Staab erinnert sich an die große Aufregung vor dieser ersten Mission zu Beginn des Jahres 2007. Immerhin: Bahrain gilt damals schon als das aufgeschlossenste, offenste Land der sieben Golfstaaten. Ein Drittel der siebenhunderttausend Einwohner sind Ausländer, aber es gibt zu diesem Zeitpunkt nur genau fünfzig Fußball spielende Frauen, verteilt auf zwei Klubs. Daraus eine Nationalmannschaft aufzubauen ist schon ein kühnes Unterfangen.

»Glücklicherweise gab es keine Sprachprobleme, alle sprechen in dieser ehemals englischen Kolonie prima Englisch«, erinnert sich Monika Staab.

Erst mal hat sie die Trainingsintensität erhöht, sechs Mal die Woche zur Übungseinheit gebeten. Gespielt wird dann zunächst gegen Jungs, aufgrund mangelnder Gegnerschaft.

»Nachdruck und Geduld sind die wichtigsten Tugenden, die ich damals schnell verinnerlichen musste«, sagt Staab, »nichts ging flott, alles musste hundertfach erbeten werden. Angefangen mit der Beschaffung von Trikots oder Bällen bis hin zur Erlaubnis der Eltern, auf Reisen zu gehen.« Der kulturellen Tradition folgend, dürften Mädchen nicht mit Jungen gemeinsam im Fahrstuhl fahren, von Teilnahmen an besonderen Veranstaltungen ganz zu schweigen.

Im April 2007 feiert Staab dann ihren ersten Erfolg. Der 7:0-Sieg auf den Malediven ist für Bahrains Frauen-Nationalmannschaft viel mehr als ein Eintrag in die Geschichtsbücher. Es ist die erste kleine Bewegung als Symbol für Gleichberechtigung. Bei Beendigung ihrer Mission hinterlässt Monika Staab die Frauen-Nationalmannschaft platziert auf Rang 112 der FIFA-Weltrangliste und junge Frauen, die jetzt schon Trendsetter für kleine Mädchen in ihrer Heimat sind.

Dass Projekte auch scheitern können, muss Staab in Katar erkennen. Nach eineinhalb Jahren, in denen sie sich im Dauerbombardement männlicher Vorurteile bewegt, ist Schluss. Man will Mann. Auch für den Posten des Nationaltrainers der Frauen werden die Entscheidungsträger im katarischen Fußballverband nicht warm mit einer selbstbestimmten, energischen Frau aus Deutschland.

Doch entmutigen lässt sich Staab keineswegs. Ihre nächsten Stationen heißen Pakistan, China, Sri Lanka und der Iran. Später geht es in den Südpazifik und in alle möglichen Länder Afrikas.

Nach mittlerweile mehr als zehn Jahren Vagabundenleben hat es die fidele, stets in Bewegung gebliebene Frau inzwischen nach Gambia verschlagen. Mit nur zwei Millionen Einwohnern ist der westafrikanische Staat das kleinste Land dieses Kontinents. Gerade erst mit demokratischer Staatsführung in einer Entwicklungsphase, die noch weit weg ist von dem, was wir aus den meisten europäischen Ländern kennen.

»Fußball ist nicht allein Männersache«, ein Credo, mit dem Staab zuerst bei jeder Station Beifall erntet. Die konsequente Umsetzung, das Gründen von Mädchenmannschaften, die Aufnahme von Fußball als Schulsport auch für Mädchen und der Abbau von Berührungsängsten ist dann aber ein mitunter beschwerlicher Weg.

»Get out of here, get out«, ruft Staab immer wieder den älteren Jungen auf dem Bolzplatz zu, die überhaupt nicht einsehen können, dass da die Mädchen unter sich sein wollen. Da spielen Mädchen also ihr Spiel, gekleidet in nagelneuen Trikots und Fußballschuhen, dazu mit einem ganzen Netz voller bunter, moderner Marken-Fußbälle. Die sind natürlich das beliebte Objekt der Begierde. Die Jungs lauern im Schatten unter den Bäumen, fühlen sich benachteiligt, denn hier stehen ausnahmsweise mal die Mädchen auf der Sonnenseite, sprichwörtlich. Die fremde Fußballlehrerin erklärt ihnen, wie sie den Ball mit dem Innenrist passen sollen, wie sie mehr Kontrolle über den Ball bekommen. Es ist das kleine Einmaleins für Fußballanfänger, aber die Mädchen haben einen Heidenspaß an diesem Spiel. Schon kleine Fortschritte geben Monika Staab ein Gefühl tiefer Zufriedenheit. Viel wertvoller als ein technisch gelungener Torschuss ist ihr aber die zu beobachtende Steigerung des Selbstwertgefühls dieser jungen Mädchen. Sie spüren, dass die Idee der Frau aus Deutschland ihr Leben in Zukunft verändern kann. Dass Frauenrechte auch in Afrika ein ernst zu nehmendes Anliegen geworden sind.

»Selbstvertrauen ist der Schlüssel für junge Mädchen in jeder Gesellschaft«, hat Monika Staab im Laufe der Jahre erkannt. Und ihre Assistentin, die der gambische Fußballverband ihr zur Seite stellt, fügt an: »Wenn du in Afrika eine Frau erziehst, erziehst du eine ganze Nation.« Was sie sagen: Mädchen und Frauen schauen auf Vorbilder ihres Geschlechts. Was andere geschafft haben, rückt automatisch in den Fokus des Machbaren, die Zweifel werden weniger.

Bei all ihren Stationen geht es darum, über den Fußball verschiedene Kulturen, Religionen und Menschen zusammenzubringen und Werte wie Respekt, Fair-Play, Akzeptanz und Toleranz zu vermitteln.

Für ihre Tätigkeit in diesen wichtigen sozial-gesellschaftlichen Projekten erhält Monika Staab 2014 die Auszeichnung »Fußball-Botschafterin des Jahres«, direkt aus den Händen vom damaligen Bundesaußenminister Frank-Walter Steinmeier.

Unsere jüngste Begegnung rund um die beiden Frauen-WM-Halbfinals im Sommer19 in Lyon ist natürlich kein Zufall. Ein einigermaßen regelmäßiger Erfahrungsaustausch erweitert Horizont und Blickwinkel.

Birgit Prinz – dreimalige Weltfußballerin, bleibt sich treu

Birgit Prinz ist die einzige der hier aufgeführten Erfolgsfrauen, bei der ich von vornherein auf ein persönliches Recherche-Gespräch verzichte. Ich mag ihre Verdienste einfach nicht kleinreden lassen, schon gar nicht von ihr selbst. Wer je die Wege der dreimaligen Weltfußballerin kreuzt, wird ahnen, wovon ich rede. Wer das Privileg hatte, durch viele Begegnungen in die Phalanx ihrer Persönlichkeit vorzudringen, wird meine, Idee Birgit Prinz nur auf Basis eigener Beobachtungen wertzuschätzen, für sinnvoll erachten. Garantiert.

Als durchsetzungsstarke Stürmerin mit unbändigem Siegeswillen und ausgeprägtem Torinstinkt hat sie mindestens eine Dekade des Frauen-Weltfußballs geprägt. Prinz hat alle möglichen Titel mehrmals gewonnen, war erst heimliche, dann wahre Kapitänin der goldenen Weltmeister-Generation 2003 und 2007. Alle Meriten hier aufzuzählen würde mich zu viel Papier kosten, darum geht es auch gar nicht in erster Linie. Viel erwähnenswerter ist ihre Authentizität in allen Lebenslagen, über ihre Rolle als unumstrittene Vorzeigefußballerin des Landes hat sie sich als Person nie definiert.

In einer Zeit, in der Frauenfußball noch unterhalb der roten Akzeptanzlinie zu verorten ist, werden alle Beteiligten immer wieder beauftragt, im Sinne des Geschäfts zu agieren. Heißt nichts anderes, als dass auch die Spielerinnen nach einem gewissen Vermarktungsmodell bitte schön zu funktionieren haben. Immer lächeln, noch so blöde Reporterfragen sympathisch beantworten, inhaltlich verbockte Reportagen über sich ergehen lassen. Das ist der in der Regel unausgesprochene, in manchem Fall aber auch deutlich artikulierte Auftrag.

»Kämpfen für die Akzeptanz des Frauenfußballs, das Entwicklungspotenzial befeuern«, so die allgemein gültige Devise jener Zeit, Mitte, Ende der 1990er-Jahre. Birgit kann damit nicht viel anfangen. Sie liebt diesen Sport, ist darin besser als die meisten anderen, aber gute Miene zum doofen Spiel kommt für sie überhaupt nicht infrage.

Der Umgang mit der Ausnahmefußballerin ist zuweilen, na sagen wir mal, eine Herausforderung. Sie zu Interviews oder gar einem Drehtermin zu überreden, bedarf Geduld, Ausdauer und manchmal auch ein bisschen Schwindelei.

Die aus meiner Sicht kreativen Drehmotive findet sie albern, in einer Gruppe vor der Kamera herlaufen ist ihr extrem unangenehm. Während der WM 2003 in den USA muss ich dann irgendwann ein bisschen Druck ausüben, schließlich spielt Prinz eine herausragende Rolle auf dem Weg zum Titel. Sie muss aus Journalistenperspektive auch mal im Mittelpunkt der begleitenden Berichterstattung auftauchen.

Wir einigen uns dann auf einen Dreh im Nike-Store. Win-win-Situation, denn so bedient sie auch die Wünsche ihres persönlichen Sponsors. Wahnsinnig witzig wird dieser Dreh in Portland vor dem großen Halbfinale gegen die USA aber nicht. Niemand ist deutlicher in der Lage, seinen inneren Unmut nach außen zu tragen, als Birgit Prinz. Getreu dem Motto: Ihr wolltet, hier bin ich, mehr geht nicht.

Auch in den Folgejahren ist es ein steter Kampf zwischen journalistischen Bedürfnissen und individueller Einstellung der besten Fußballerin der Welt.

Wenn es darum geht, mal wieder eine Fußballerin ins Sportstudio einzuladen, weil ein wichtiges Spiel bevorsteht, winken die Kollegen gleich ab. »Nicht die Prinz, bitte, die hat immer so schlechte Laune.« Ein Stück weit bleibt sie in der großen Öffentlichkeit unverstanden. Ich hingegen beginne sie insgeheim immer mehr zu schätzen. Nicht wegen ihrer fußballerischen Klasse, oder besser, nicht nur. Mir imponiert ihre totale Konsequenz. Ja, es sind immer die gleichen Fragen, zumeist wenig kundiger Fragesteller.

Vieles in jener Zeit impliziert die Einstellung: Hey, Frauenfußball ist 'ne Randsportart, seid doch einfach froh, wenn ihr Aufmerksamkeit bekommt. Unterschwellig ist diese latente Arroganz bei jedem von uns mal mehr, mal weniger zu spüren. Birgit Prinz' Ruf in der Branche ist eher in der Kategorie »schwierig und unnahbar« einzuordnen. Wahrgenommen hat sie das ganz sicher, ob es sie tatsächlich so kalt gelassen hat, wie sie uns glauben machen wollte, bezweifle ich. Und doch bleibt sie sich und ihrer Seele treu.

Analog zu meinen Fortschritten im Verstehen des Frauenfußballs entwickle ich eine viel professionellere Haltung zu meiner Arbeit mit den Fußballfrauen. Ich glaube, das spürt irgendwann auch die Frankfurterin. Meine Fragen sind weniger oberflächlich, meine Berichte werden fachlicher, kompetenter. Langsam finden wir, unausgesprochen, einen Draht zueinander. So habe ich das damals jedenfalls empfunden.

Eine Begebenheit während des Algarve-Cups im Jahr 2008 stützt meine Vermutung zumindest ein wenig.

Zwischen einem Dreh- und Schnitttermin gönne ich mir eine kleine Siesta an der Praia Falésia, lege mich windgeschützt von den hohen Felsen in den Sand und lese ein Buch. Plötzlich vernehme ich einen großen Schatten, schrecke förmlich auf. Im Februar sind die kilometerlangen Strände fast menschenleer. Nur ein paar Spaziergänger, die aber in der Regel direkt am Wasser laufen. Geblendet durch die Sonne schiele ich oberhalb der Sonnenbrille, um die Gestalt zu identifizieren. Erst die Stimme bricht den ungewöhnlichen Augenblick.

»Du, hast du Lust, mit mir ein bisschen Tennis zu spielen?«, fragt Birgit Prinz die ZDF-Reporterin, die ansonsten nur nervt. »Wann?«, frage ich sie ziemlich verstört. Natürlich kennt sie meine Leidenschaft für Tennis, weiß auch, dass ich schon häufiger mit anderen Spielerinnen ein paar Bälle geschlagen habe auf der riesigen Tennisanlage gleich neben dem Mannschaftshotel. »Wir haben heute Nachmittag kein Training mehr, ich hätte Lust, mich ein bisschen zu bewegen. Das darf die Trainerin aber nicht wissen, denn wir sollen ja eigentlich regenerieren«, erklärt Birgit. »Hahaha, athletisch wirst du bei mir eh nicht gefordert.« Also hole ich meine Schläger aus dem Auto, ziehe mich um und spiele mit Birgit Prinz ein entspanntes Stündchen Tennis. Ohne Kamera, ohne Zeugen. Es bleibt unser Geheimnis, und es hat Spaß gemacht. Auch ihr, vermute ich.

Während ihrer aktiven Karriere ist die Fußballerin schon hyperaktiv, sehr zukunftsorientiert. Vom Profitum ist der Frauenfußball schließlich noch Lichtjahre entfernt. Nach einer Ausbildung zur Physiotherapeutin beginnt sie ein Studium der Sportpsychologie. Damals eher noch ungewöhnlich, heute gang und gäbe, dass Fußballerinnen nebenher studieren.

Während der Europameisterschaft 2009 in Finnland duellieren wir uns dann noch mal mit Schlägern. Diesmal beim

Squash, und diesmal dürfen wir das Spielchen für einen Filmbeitrag drehen. Kamerafrau Cita hat von mir den komplizierten Auftrag bekommen, mich rauszuhalten aus den Aufnahmen. Nicht ganz so easy bei einer so schnellen Sportart. Während des Schlagabtauschs im Court entwickelt sich auch ein verbaler hinsichtlich Birgits sportlichen Perspektiven. Die jungen Talente drücken auf die Tube, die Karriere der Altmeisterin neigt sich so langsam dem Ende entgegen. Dass sie bei dieser EM vor dem Finale noch kein Tor erzielt hat, wurmt sie zusehends. Und die Reporterfragen natürlich doppelt.

In dieser Situation entsteht ein ziemlich vertrauliches Gespräch, »off records«, versteht sich. Fast ein Jahrzehnt später ist die Verschwiegenheitsklausel erloschen, hoffe ich wenigstens.

»Warum sollte ich es nicht schaffen, selbst wenn ich als Reservistin von der Bank komme. Dann vielleicht was Entscheidendes bewegen, das könnte mich sehr zufriedenstellen«, erklärt Birgit. Wir sprechen über ihre Zukunft, über den so kompliziert zu treffenden perfekten Zeitpunkt des Karriereendes. In zwei Jahren findet die Frauen-Weltmeisterschaft in Deutschland statt. Schon jetzt ist der Stellenwert dieses im eigenen Land ausgetragenen Großereignisses zu erahnen. Steffi Jones, damals unsere ZDF-Frauenfußball-Expertin, ist schon als OK-Chefin im Amt, um als Botschafterin für dieses Event zu werben. Die Erinnerungen an das Sommermärchen der Männer im Jahr 2006 lässt zumindest ein paar zarte Rückschlüsse zu, welch gigantische Aufmerksamkeit im Sommer 2011 der Frauenfußball erhalten wird. Natürlich ist es auch für die Erfolgsgeneration Prinz ein absoluter Traum, mit diesem Highlight die eigene Karriere ausklingen zu lassen.

Birgit Prinz ist jetzt einunddreißig Jahre alt, würde also mit dreiunddreißig in dieses Weltturnier starten. Das ist auch im Frauenfußball schon ein Alter, in dem man den mittlerweile extrem gewachsenen physischen Anforderungen Tribut zollen muss.

Für mich ist die Haltung, die Birgit in diesem Gespräch offenbart, sehr interessant. Auch ein bisschen überraschend. Dass sie ein reflektierter Mensch mit geschärften Sinnen für Zwischentöne ist, geschenkt. Nichts Neues. Dass sie aber doch so konkret den Fernblick wagt, wundert mich in dem Moment schon. Insbesondere, dass die Kapitänin sich vorstellen kann, ins zweite Glied zu rücken. Birgit Prinz hat aufgrund ihrer Leistung, über viele Jahre eine so hervorgehobene Stellung im Frauenfußball, dass ein Verrutschen auf der imaginären Bedeutungsskala unvorstellbar anmutet. Für nur wenige Spitzensportler je infrage käme.

»Warum nicht«, sagt sie leise in bedächtiger Tonlage, »im entscheidenden Moment als Joker zu kommen, vielleicht sogar das Siegtor zu erzielen, könnte mir schon ein großes Glücksgefühl verleihen.«

Es kommt anders, ganz anders. Erst mal werden Deutschlands Fußballfrauen in Helsinki Europameister, nach einem 6:2-Triumph gegen England. Mit zwei Toren von Prinz, die im abschließenden Sieger-Interview natürlich noch mal betont, dass ihre Torlosigkeit bis zur Finalpartie total überbewertet gewesen sei, und dass sie aber so gar keinen Hauch von Genugtuung verspüre. Nicht ohne den Hinweis, dass es schließlich nicht um sie persönlich, sondern immer um den Teamerfolg gehe. Na klar! Ihr nehme ich das zu hundert Prozent ab, und dennoch hat sie ihre eigene Quote maßlos genervt. Das ist allein schon in ihrem unbändigen Ehrgeiz als Leistungssportlerin begründet.

Zwei Jahre später läuft tatsächlich nicht alles rund. »Fußball von seiner schönsten Seite«, so ganz ohne chauvinistischen Einschlag kommen die Marketingstrategen der WM im eigenen Land noch nicht aus. Die mediale Aufmerksamkeit ist gigantisch, alle wollen neue Maßstäbe im Bereich Frauenfußball setzen. Der Deutsche Fußballbund, der Weltverband FIFA sowieso. Knapp vierundsiebzigtausend im Berliner Olympiastadion erleben das Eröffnungsspiel zwischen Gastgeber und Titelverteidiger Deutschland und Kanada. ARD und ZDF übertragen erstmals alle zweiunddreißig Spiele live und in voller Länge, flankiert von einer üppigen Randberichterstattung. Mit außergewöhnlichen Quotenerfolgen. Spiele mit deutscher Beteiligung bewegen sich wie selbstverständlich im zweistelligen Bereich, setzen bis heute unerreichte Rekordmarken. Auch die Boulevard-Formate zeigen bunte Bilder und fröhliche Frauen, alles gekleidet in der Kulisse der ganz großen Fußballbühne. Die BILD-Zeitung widmet dem Ereignis täglich vier Seiten. Sie berichten über private Vorlieben und am liebsten über Spielermänner und -frauen. Lira Bajramaj, heute Alushi, wird zum Glamour Girl des Frauenfußballs. Bilder beim Schminken, beim Shoppen und auf dem Laufsteg überfluten die Gazetten. Die Berichterstattung erfüllt jedes erdenkliche Klischee, irgendwie im Sinne aller Verkäufer dieser Sportart.

Die Konzentration aufs Wesentliche gibt's eigentlich nur in Ausnahmemomenten. Auch wenn ich als Live-Kommentatorin erstmals nicht direkt von der deutschen Mannschaft berichte, habe ich eine Ahnung davon, wie Birgit Prinz diesen Hype einordnet.

Sie ist immer noch die Kapitänin der Nationalmannschaft, spürt aber, wie vorhergesehen, den Druck der jungen Konkurrenz, auch in der öffentlichen Bewertung.

Prinz wird in einer sportlich eher zähen Gruppenphase regelmäßig ausgewechselt, sitzt dann im Viertelfinale gegen Japan tatsächlich nur auf der Bank. Und zwar einhundertzwanzig Minuten. In der Nachspielzeit gelingt Japan die Führung, der große Favorit, zuletzt zweimal nacheinander Weltmeister, gerät gehörig ins Taumeln. Immer wieder zeigen die Kameras Prinz auf der Bank. Unruhig, ungehalten. Beim Schlusspfiff stürzen alle in eine tiefe Depression. Sprachlosigkeit, geistige Leere, wohin die Blicke wandern. Tränen! Die aussortierte Frontfrau schlägt wütend alle Hände der Kolleginnen auf der Bank ab, kurioser Ausdruck ihrer abgrundtiefen Enttäuschung. In diesem Augenblick darf man sie nicht ansprechen, das könnte gefährlich werden. Nichts ist's geworden mit diesem »One moment in Time«, den sie sich zwei Jahre zuvor ausgemalt hat. Der Stachel sitzt sehr lange ziemlich tief.

Es sollte nicht sein. Weder mit dem »Sommermärchen reloaded« noch mit dem triumphalen Abschluss ihrer Karriere. Ihren Frieden findet Birgit Prinz irgendwann natürlich trotzdem, spätestens bei ihrem Abschiedsspiel im März des darauffolgenden Jahres in ihrer Heimatstadt Frankfurt. Sie hält bis heute unzählige Rekordmarken im internationalen Frauenfußball. Im Interview nach der obligatorischen Auswechslung, begleitet von Standing Ovations, wirkt sie befreit und glücklich. Sie ist fein mit dem zurückliegenden Lebensabschnitt als Spitzensportlerin und vor allen Dingen mit dem Ende als öffentliche Person. Bei ihr definitiv keine Koketterie. Heute arbeitet Prinz nicht minder spannend als Sportpsychologin bei der TSG Hoffenheim und in Teilzeit bei der Frauen-Nationalmannschaft. In aller Stille, vertraulich hinter verschlossenen Türen, gänzlich ohne Transparenz. Ein idealer Job für Birgit Prinz, wie auf den Leib geschneidert. Gelegentlich rufe ich sie an, frage nach ihrer Meinung zu bestimmten Themen. Stets spürbar ihre sorgfältige Auswahl dessen, was sie preisgibt. Nur eines muss ich mir verkneifen: Wenn ich sie versehentlich, aus alter Gewohnheit, »Prinzessin« nenne, legt sie sofort auf.

Bibiana Steinhaus – pfeift auf Bedenken und in der Ersten Liga

»Blinde Sau«, »Tomaten auf den Augen«, »Betrüger«. Die Beschimpfungen sind so alt wie das Spiel, die Auswüchse besorgniserregend. Nichts im Fußball emotionalisiert heftiger als Schiedsrichterentscheidungen, auch wenn der Kommentator in diesem imaginären Ranking bedenklich aufgeschlossen hat. Proteste, Drohgebärde, im Profifußball werden Schiedsrichterentscheidungen immer drastischer in einer Art Wildwest-Manier begegnet. Noch skandalöser die durchgereichten Folgen für den Amateurfußball, wo immer häufiger von Prügelattacken berichtet wird.

Immer wieder mag man sich fragen, wer tut sich so was an? Und warum? Welche Motivation treibt die mutigen Männer und Frauen in diesen Job? Wenn sie alles richtig machen, redet in der Regel niemand über sie, beim kleinsten Zweifel rückt der Unparteiische selbstredend ins Zentrum aller Verbal-Orkane. Ist am Ende verantwortlich für Sieg oder Niederlage, ein brutal schwieriges Geschäft.

Unsere erste Begegnung, so vor zwölf, dreizehn Jahren, ist eine eher flüchtige. Die große blonde Frau ragt heraus aus der Menge sportlich gekleideter Fußballerinnen. Inmitten der Frauen-Nationalmannschaft steht sie am Abfluggate Richtung Faro. Lächelnd, freundlich, ein offenes Wesen, in dem Augenblick die einzig mir persönlich unbekannte Person in der Reisegruppe mit Ziel Algarve-Cup. Bibiana Steinhaus ist Schiedsrichterin, gilt als die talentierteste in

Deutschland. Eine, die man im Auge behalten sollte. Über den Inhalt unseres kurzen Small-Talks habe ich keine Erinnerung mehr, wohl aber an ihre einladende Ausstrahlung. Keine Frage, hier ist jemand beseelt von ihrer Leidenschaft.

Bibi, wie sie alle nennen, ist damals Mitte zwanzig, pfeift regelmäßig in der Frauen-Bundesliga und seit 2005 bereits auf internationaler Ebene im Frauenfußball. Ihr Werdegang ist anfangs steil, später auch steinig. Es ist die Geschichte einer Frau, die spürt, was sie kann, die weiß, was sie will, und die kämpft für ihren Traum. Eine bis heute beispiellose Karriere als Frau im Fußball. Ja, an dieser Stelle muss diese leidlich strapazierte Phrase raus, denn immer wieder gerät Bibiana Steinhaus auf ihrem Weg nach oben in die Mühlen chauvinistischer Zeitgeist-Debatten inklusive gelegentlicher Revier-Markierungsgesten alter weiser Männer.

Freilich beginnt es mit dem Kicken. Klassisches Mädchen-Cliquen-Verhalten, nennt es Steinhaus heute. »Aber es war früh abzusehen, dass mein Potenzial nicht für die Spitze reicht«, räumt sie locker ein. Das Schiedsrichtertum hingegen ist im Hause Steinhaus seit jeher tief verankert. Der Vater als Vorbild übt sanften Druck aus, rät der Tochter zur Pfeife. Mit fünfzehn belegt Bibi den ersten Anwärterkurs zur Schiedsrichterin, mit sechzehn pfeift sie ihr erstes Spiel im Jugendbereich. In dem Moment sind die Würfel gefallen, das Mädel ist infiziert, der Werdegang ist beschlossene Sache.

Hauptberuflich lässt sich Bibiana Steinhaus zur Polizistin ausbilden, nebenbei steht sie auf dem Fußballplatz und pfeift wochenends Spiele jugendlicher Mädchen und Jungen. Eine große innere Klarheit und ein ausgeprägtes Gerechtigkeitsgefühl nennt sie als wesentliche Charaktereigenschaften, die sie für diese spannende Konstellation befähigen. Dafür gibt's uneingeschränkte Bestätigung aus meiner Perspektive.

Nach ersten vorsichtigen Schritten entwickeln sich flotte Sprünge in der Schiedsrichter-Vita der Hannoveranerin. Mit einer Ausnahmegenehmigung des Deutschen Fußballbundes pfeift Steinhaus noch vor ihrem achtzehnten Geburtstag in der Männer-Kreisklasse, zwei Jahre später bereits in der Belle-Etage des Frauenfußballs.

»Nie vergessen werde ich mein erstes Pokalfinale in Berlin. Das war 2003, Duisburg gegen Frankfurt. Das letzte Spiel der heutigen Bundestrainerin Martina Voss-Tecklenburg, einer grandiosen Stürmerin ihrer Zeit. An jenem Tag entscheidet sie dieses Finale, allerdings mit einem Eigentor für den Gegner, den FFC Frankfurt. Was für ein sportliches Drama«, beschreibt Steinhaus ihren ersten Auftritt auf der großen Bühne.

In den Folgejahren ist der steile Aufstieg vorprogrammiert. Im Frauenbereich gehört sie schnell zu den Besten ihres Fachs, leitet bald alle wichtigen Finalspiele bei Weltmeisterschaften und Olympischen Spielen. Dennoch beschreibt sie selbst ihre Entwicklung als »Step by Step-Karriere« und meint dabei ziemlich sicher die Phase, in der sie sich als Frau im professionellen Männerbereich breitmacht. Schon ihre Berufung in den Kreis der Zweitliga-Schiedsrichter im Jahr 2007 erfährt ein riesiges Medienecho. Erste-Frau-Thematik, ein scheinbar unumgänglicher Reflex.

Viel Kommunikation, klare, aber ruhige Körpersprache und vor allem ausreichend Transparenz sind ihr wichtig auf dem Platz. Die Entwicklung einer natürlichen Autorität, anerkannt als faire Persönlichkeit ohne Frauen-Bonus, ist das Ziel. Natürlich werden ihre ersten Auftritte öffentlich millimetergenau seziert, jeder Pfiff, jede Geste ausführlich analysiert. Bibiana Steinhaus geht es wie allen ihren männlichen Kollegen, mal läuft alles glatt, mal geht was daneben. Die Debatte, ob eine Frau in der rauen Männerwelt genug Durchsetzungskraft besitze, verflacht recht schnell. Spieler, Trainer und auch Journalisten gewöhnen sich rasch an die neue Situation. Bibi sitzt fest im Boot. Gelegentliches Geläster hinter vorgehaltener Männerhand aber nicht ausgeschlossen. Für einige ist die Erde ja auch noch eine Scheibe.

Irgendwann beginnt die Diskussion um ihren Aufstieg in die Bundesliga. Noch pfeift keine Frau auf der Welt in der jeweils höchsten Männerklasse. Bibiana Steinhaus ist extrem ehrgeizig, will diesen Schritt unbedingt schaffen. Doch das Schiedsrichterwesen in Deutschland ist in jener Zeit noch eine Art abgeschotteter Männer-Geheimbund. Gelenkt und geleitet von ehemaligen Alpha-Tieren der Branche. Beurteilungen vornehmen, Entscheidungen treffen, Macht ausüben, das alles gehört wie selbstverständlich zum Anforderungsprofil der Schiedsrichter-Bosse. Die Strippen werden autoritär und geradezu aufreizend intransparent gezogen. Das Image des Schiedsrichtertums ist ähnlich dem der katholischen Kirche.

Und nun will also eine Frau einbrechen in die Eliteklasse der Regelhüter. Schnell macht die These von nicht ausreichender Athletik, von fehlender Schnelligkeit die Runde. Widersacher und Befürworter tauschen Argumente aus, hin und wieder sachlich, meistens aber auf Stammtisch-Niveau. Bibiana Steinhaus, mittlerweile Mitte, Ende dreißig, hält sich öffentlich zurück, arbeitet stattdessen wie besessen an der Optimierung ihrer Physis. Intern tobt unterdessen der Mob. Extern entbrennt eine öffentliche Debatte, zusätzlich befeuert von Gesellschaftswissenschaftlern und Gender-Beauftragten. Der Fußball plötzlich als Plattform für zeitgeistliche Entwicklung, das passt einigen Inner-Circle-Entscheidern überhaupt nicht in den Kram. Wir erleben verzweifelte Formen von verängstigter Ablehnung und kleingeistiger Ausgrenzung, überwiegend recht linkisch vorgetragen.

Bibiana Steinhaus ist eine intelligente Frau, registriert sicher auch die Vorbehalte. Aber, und das ist entscheidend, sie bleibt ganz bei sich selbst, verliert während der hitzigen Hinterhof-Heuchelei im eigenen Haus nie den Glauben an sich selbst. Und sie arbeitet permanent unverdrossen an persönlichen Optimierungsmöglichkeiten, präsentiert sich stets lernfähig.

Eine Erfahrung in ihrer frühen Zweitliga-Zeit hat ihren Blick auf die Aufgabe geschärft. Ein Schiedsrichter ist nie allein, entscheidend für eine gelungene Spielleitung ist das Funktionieren im Team. Damals bestehend aus vier Personen, heute sind es mit den beiden Assistenten an der Linie, dem vierten Offiziellen und zusätzlich noch zwei Videoassistenten insgesamt sogar sechs.

»Im ersten halben Jahr meiner Zweitliga-Zugehörigkeit war ich dem Kollegen Thomas Frank als Assistentin zugeteilt. Es ist kein Kollateralschaden entstanden, aber es hat von der Persönlichkeit her einfach nicht gepasst. Ich muss zugeben, ich war auch keine wirklich gute Unterstützung an der Linie«, gesteht Steinhaus also Jahre später. Selbstreflexion ist eine gute Basis für eine gesunde, realistische Leistungseinordnung. »Wir waren gemeinsam nicht erfolgreich, unsere Fußball-Ehe wurde nach einem halben Jahr geschieden. Es hat sich angefühlt wie eine herbe Niederlage, eine harte Erfahrung, aus der ich letztendlich sehr viel gelernt habe«, fügt sie noch an.

Danach rutscht Bibiana Steinhaus ins Team des Kollegen Matthias Anklam, ein glücklicher Umstand, weil idealer Handstreich. Im neuen Team funken alle auf derselben Wellenlänge, gegenseitiges Vertrauen ist die entscheidende Basis. Das wird sie nie mehr vergessen, denn heute ist Steinhaus Chefin im Ring, überprüft ihr Handeln regelmäßig auf Teamfähigkeit. »Wenn du das Vertrauen der entscheidenden Leute um dich herum spürst, steigt automatisch dein Selbstvertrauen. So ist es mir jedenfalls ergangen, so möchte ich es auch immer handhaben«, fasst Steinhaus diese Episode ihrer Karriere zusammen.

Fußball-Schiedsrichter sind fraglos öffentliche Personen. Die Medienpräsenz in der Fußballberichterstattung ist in den vergangenen Jahren durch die Decke geschossen. Alles, aber auch jedes Mini-Detail wird mitunter reißerisch aufbereitet. Bei strittigen Schiedsrichterentscheidungen gibt es kein Entkommen. Seit Einführung des Videobeweises sind die Unparteiischen das beständigste Stammtischthema in dieser Sportart. Das ist tatsächlich Balla-Balla, aber dieses Rad ist nicht mehr zurückzudrehen. Ein langweiliges Spiel kann durch eine einzige Schiedsrichterentscheidung zum kontroversen Stammtischthema werden. Nur in einem Punkt werden sich alle Heißsporne überraschend schnell einig: Der Schiedsrichter ist immer die Pflaume. An dieser Stelle übe ich gerne auch Selbstkritik an uns Medienschaffenden, denn mir geht diese Überhöhung schon lange gegen den Kamm.

Eine Form von Fehler-Voyeurismus mit anschließender Schuldzuweisung. Der Ton macht hier die Musik. In neunzig Minuten passieren so viele Fehler aller Beteiligten auf dem Platz, aber mittlerweile kann man den Eindruck gewinnen, nur die des Schiedsrichters taugen für das ganz große Drama. Besorgniserregend einerseits, andererseits bewundernswert, wie die Damen und Herren damit Woche für Woche umgehen. Diese oft unsachlichen Kritiken wegstecken, verdrängen, verarbeiten.

Im Sommer 2018 ist es so weit. Bibiana Steinhaus hat es geschafft, wird die erste Frau in der Männer-Bundesliga. Personelle Wechsel an der Spitze des deutschen Schiedsrichterwesens machen es möglich. Lutz Michael Fröhlich ist eine erfahrene, besonnene und moderne Führungskraft. Er plant und dosiert Steinhaus' Einsätze klug und umsichtig, bekommt dafür genauso viel Lob wie die Protagonistin nach ihren ersten Auftritten.

Als ich Bibi frage, was ihr dieser »Erste-Frau-Status« bedeutet, gönnt sie sich ein Weilchen des Nachdenkens. »Die erste Frau zu werden war nicht die treibende Intention. Aber ich habe gelernt, damit umzugehen, verantwortungsvoller zu agieren. Es bietet Raum für wichtige gesellschaftliche Diskussionen. Sei es in Bezug auf die Schiedsrichterei im Allgemeinen oder rund um den Themenbereich Vielfalt. Wir können Frauenkompetenz bündeln und mithilfe von Öffentlichkeit eine große Strahlkraft entwickeln, es gibt noch viel Platz für tolle Persönlichkeiten.« Treffer! Das klingt wohlüberlegt, als Gedanke über den Tellerrand hinaus. Klingt nach Netzwerkarbeit.

Ohne Frage, Bibiana Steinhaus ist eine Bereicherung für die Fußballbranche. Ihr Schlusswort: »Ich genieße jeden Moment, bekomme auf dem Platz immer noch Gänsehaut.«

Rückschläge zu verkraften gehört selbstverständlich auch zu ihrem Erfolgsmodell. Die vergangene Frauen-WM muss Bibiana Steinhaus verletzungsbedingt früher als geplant verlassen. Auch anschließend kämpft sie immer wieder um physische Stabilität. Schiedsrichter sind Leistungssportler, irgendwann kann der Körper den Belastungen nicht mehr standhalten.

Wann auch immer Bibi ihre aktive Karriere beenden wird, sie wird dem Fußball in exponierter Rolle erhalten bleiben. Und das ist eine sehr gute Perspektive.

Katja Kraus – ein Multitalent zweifelt erfolgreich

»Mein Zweifel ist meine Kraft«, sagt Katja Kraus. Was bei vielen Gesprächspartnern ein wenig kokett klingen mag, nimmt man ihr ab als tatsächlich unerschöpfliche Quelle geistiger Haltung. Ein Gespräch mit Katja Kraus kann spannender verlaufen als so mancher Fitzek-Krimiplot. Die Neunundvierzigjährige bietet eine unglaublich vielseitige Vita, man spürt den Zugewinn ihrer diversen Erfahrungen sowie deren pausenlose Selbstreflexion. Jeder Satz, jedes Wort in eleganter Sprachästhetik sorgfältig gewählt, quasi das Gegenteil eines Dampfplauderers. Inhaltlich ist die Rutsche scheinbar endlos geflutet mit intelligenten Ansichten.

Heute bedauert Katja Kraus, in ihren verschiedenen Funktionen im Bereich Fußball versäumt zu haben, die aktuellen Frauenthemen nachhaltiger bewegt zu haben. »Damals stand die Rolle der Frau nicht so sehr im Fokus, es gab andere Baustellen. Ich hätte meinen Status diesbezüglich besser nutzen müssen. Vielfalt in unserer Gesellschaft ist ein vordringliches Thema, mir persönlich ein echtes Anliegen«, erklärt Kraus. Fühle ich mich jetzt ertappt? Ich denke unweigerlich drüber nach, da ist was dran, doch im Vergleich zu ihr muss ich mir diesen Impuls erst abholen.

Neun Jahre sitzt Katja Kraus im Vorstand des Hamburger SV, war in dieser Funktion natürlich die erste Frau bei einem deutschen Bundesliga-Klub. Zuvor war sie schon die erste weibliche Pressesprecherin eines Fußball-Erstligisten, heute ist sie Geschäftsführerin der Agentur Jung von Matt/Sports und erfolgreiche Buchautorin. Der Verdacht einer Alleskönnerin liegt nahe. Fakt ist, diese Frau hat Hinkelsteine bewegt und ist in allem, was sie macht ‚eine Bereicherung für erfolgreiche Ausrichtung des jeweiligen Geschäfts.

Als Katja Kraus Mitte der 1990er-Jahre als Torhüterin in den Kreis der Nationalmannschaft berufen wird, reagiert sie eher ungewöhnlich. Was im Grunde für jeden Leistungssportler die größte Ehre bedeutet, nährt bei ihr leise Zweifel.

»Ich wollte nie die Nummer eins sein, war eigentlich viel zu empfindsam für diesen Sport. Zu nachdenklich und stets geplagt von Selbstzweifeln«, erklärt sie. Als Zuhörer und Beobachter braucht man einen Augenblick, um diese scheinbaren Widersprüche zu verstehen. Ein Erfolgsmensch mit Selbstzweifeln? Je länger unser Gespräch dauert, desto sicherer bin ich, dass genau diese kritische Auseinandersetzung mit dem Ich ihre ganz große Stärke ist.

Kraus erzählt, dass es ihr immer fremd war, sich selbst zu überhöhen, ihre Tendenz zu gesundem Realismus eigene Träume schnell zurechtgestutzt hat. »Das Gefühl, als Leistungssportlerin Verantwortung für Misserfolge, auch anderer zu übernehmen, war eine extreme Bürde für mich. Es hat sich nicht gut angefühlt.«

Vielleicht hat ein persönlicher Schleier voller Zweifel sie die ganz große Fußballkarriere gekostet, im anschließenden Berufsleben ist diese permanente Auseinandersetzung mit Widerständen zu einer individuellen Erfolgsformel geworden. Davon darf man sicher mal ausgehen.

Die Leidenschaft für den Fußball bleibt unberührt, auch während des Studiums. Politologie und Germanistik sind ihre Fächer, aber nach eigener Aussage studiert sie das Leben, will vorbereitet sein auf das, was das Berufsleben so bietet. Schon der erste Schritt nach der aktiven Karriere ist ein ganz besonderer. Katja Kraus wird 1998 Pressesprecherin von Eintracht Frankfurt. Zu jener Zeit hat längst noch nicht jeder Bundesligist eine eigene Medienabteilung. Die Koordination der Pressetermine läuft bis dahin über den Trainer oder Manager, so ganz nonchalant nebenbei.

Kraus ist damals sechsundzwanzig und startet von null auf hundert im Big Business Bundesliga. Frankfurt ist unter Präsident Rolf Heller gerade wieder aufgestiegen, aber immer noch so was wie ein Unruhe-Verein. Klassisches Kompetenzgerangel, es wird gezogen und gezerrt, aber selten von allen gemeinsam an einem Strang.

»Strategisches Arbeiten war damals noch nicht gefragt«, erinnert sich Katja Kraus. So bleibt die Eintracht sportlich dauernd in Abstiegsgefahr, Kraus empfindet Druck und Kritik von außen als wenig konstruktiv für ihre eigene Tätigkeit. Nach zwei Jahren ist Schluss.

Doch von Scheitern kann wahrlich keine Rede sein. Die junge, schlaue, mutige Frau ist schon länger ins Visier eines Headhunters geraten. Ihre Qualitäten, ihre Ideen von modernen Strategien und Strukturen generieren Aufmerksamkeit in der Geschäftswelt. Als größte Herausforderung ihres Lebens bezeichnet Katja Kraus ihr Engagement bei der UFA, der bekannten Film- und TV-Produktionsgesellschaft. Mit neunundzwanzig Jahren übernimmt sie die Geschäftsleitung für TV-Rechte. Ihr Mentor ist Bernd Hoffmann, mit dem sie später gemeinsam im Vorstand des Hamburger Sportvereins aufschlagen wird.

Vielleicht ahnen Sie es schon, auch über diese Karrierestation hören Sie von Katja Kraus im Nachgang keinen himmelhochjauchzenden Stolz über das Erreichte. Stattdessen wieder diese analytische Distanz: »Die Diskrepanz zwischen Erwartungshaltung und Können war zu groß«, resümiert sie. Obwohl sie damals keinen Drang verspürt, in den Fußball zurückzukehren, wagt Kraus im Jahr 2003 den spektakulärsten Schritt ihrer Berufslaufbahn.

Gemeinsam mit besagtem Bernd Hoffmann wechselt sie in den Vorstand des HSV, wird zu einer der mächtigsten Frauen im deutschen Fußball.

By the way, was für ein Erfolgsjahr für unsere Pionierinnen, dieses 2003. Tina Theune wird als erste Frau in verantwortlicher Trainerfunktion Fußballweltmeister. Birgit Prinz ist dabei die erfolgreichste Torschützin und veredelt ihr Jahr mit der Auszeichnung zur Weltfußballerin. Monika Staab führt den 1. FFC Frankfurt unangefochten an der Spitze mit dem erneuten Gewinn des Doubles und Bibiana Steinhaus pfeift ihr erstes großes Pokalfinale mit entsprechender medialer Aufmerksamkeit. Zufall? Mitnichten!

Neun Jahre lang wird die Vorstandsarbeit beim HSV bedeutsamer Lebensinhalt von Katja Kraus. Zuständig für

Vermarktung, Kinder und Jugendliche und soziale Verantwortung. Sie fühlt sich bereit für diesen Schritt, hat mittlerweile ausreichend Erfahrung gesammelt, auch im Umgang mit dem eigenen perfektionistischen Anspruch.

Genau in diesem Lebens- und Berufsabschnitt lernen wir uns persönlich kennen. Für eine längere Story über den HSV führe ich auch mit ihr ein ausführliches Interview. Ihren gestochenen Feingeist kann ich an der Stelle gar nicht richtig einordnen. Der Blick um die Ecke bleibt mir erst mal verborgen.

Besonders Vorstands-Boss Bernd Hoffmann vertraut ihrer Stärke des strategischen, zuweilen komplexen Denkens. Die Frau an seiner Seite liebt es, Verantwortung zu übernehmen, Entscheidungen zu treffen. Sie will bewegen, keinesfalls nur mitschwimmen.

Sportlich steht der traditionsreiche Hamburger SV an der Kante, irgendwo zwischen Mittelfeld und Rückkehr in die nationale Spitze. In der Vermarktung klettern die Norddeutschen innerhalb kürzester Zeit auf Rang zwei, hinter Rekordmeister Bayern. Wirklich bemerkenswert sind aber die sozialen Projekte, die der HSV als erster Fußballverein überhaupt anstößt.

Der »Hamburger Weg« ist so ein Pionier-Projekt, das Katja Kraus entscheidend mitgeprägt hat. Erstmals übernimmt ein Verein als Aushängeschild einer Stadt die Initiative für eine nachhaltige Kooperation, in der die Strahlkraft des Profifußballs einen sinnvollen, übergeordneten Nutzen erhält. Das Engagement erstreckt sich über Kinder- und Jugendarbeit, fördert Inklusion und unterstützt sozial schwache Familien. Regelmäßig werden die Fußballer aktiv eingebunden, das Ganze entwickelt sich rasch zu einem Erfolgsmodell mit Vorbildcharakter.

Heute kommt kaum ein Unternehmen, ein Sportverein oder ein Verband ohne eine aktive Abteilung CSR, Corporate Social Responsibility, aus. Entstehend aus einem Gefühl der Verantwortung, moralische und ethische Einflüsse auf die Gesellschaft geltend zu machen. Irgendwie kein Zufall, wie ich finde, dass Katja Kraus bei den Anfängen dieser Entwicklung im Fußball Hand, Herz und Hirn im Spiel hatte.

2011 geht die Reise beim Hamburger SV zu Ende. Sportliche Misserfolgen ziehen die branchenüblichen nervösen Zuckungen im Personalbereich nach sich. Bernd Hoffmann und Katja Kraus wird das Vertrauen vom Aufsichtsrat entzogen, man einigt sich auf einvernehmliche Vertragsauflösung. Alles andere als ein ungewöhnlicher Vorgang im verworrenen Machtgeflecht eines Fußballklubs. Neun Jahre dürfen getrost als lange Zeit in einer solchen Top-Position bezeichnet werden. Anschließend beginnt übrigens die wahre Talfahrt des einst so stolzen Bundesliga-Dinos. Der HSV stürzt in den Tabellenkeller, rettet sich noch zweimal in der Relegation, bevor dann der erste Abstieg der Vereinsgeschichte fix ist. Einen direkten Zusammenhang mit der Demission des Erfolgsduos Hoffmann/Kraus will und kann natürlich niemand ernsthaft herstellen.

Katja Kraus verfährt zum wiederholten Mal in ihrem Berufsleben nach dem Motto: Wenn eine Tür zufällt, öffnet sich die nächste. Ihre Fähigkeiten sind vielfältig und von außergewöhnlicher Qualität. Wenn man heute frühere Weggefährten über sie reden hört, ist das nicht weit entfernt von schwärmerischer Bewunderung. Martina Voss-Tecklenburg, die heutige Frauen-Bundestrainerin, beispielsweise nennt sie eine »super tolle, kluge, klare Frau«.

Inzwischen wieder aktiv im Bereich Marketing, kann Kraus ihre Kreativität erneut in erfolgreiche Strategien verwandeln. Als Geschäftsführerin steht sie zudem wieder in der Verantwortung, kann Projekte entwickeln, muss Entscheidungen treffen. Ihr Erstlingswerk als Buchautorin behandelt eines der spannendsten Themen des menschlichen Miteinanders: »Macht – Geschichten von Erfolg und Scheitern«. Was macht der Machtverlust mit einem Menschen? Die Angst vor der Bedeutungslosigkeit und die ewig quälende Frage, welche Fehler möglicherweise vermeidbar gewesen wären. Bei Kraus hat man den Eindruck, dass sie aus vermeintlichen Niederlagen deutlich mehr Honig saugen kann als aus Triumphen. Bewegung ist ihr Antrieb, neue Herausforderungen geradezu essenziell.

Eines ihrer jüngsten und dringlichsten Projekte ist, ein geeignetes Konstrukt für eine glückliche Work-Life-Balance zu basteln. Werte leben und erleben. Wohlige Wärme und innere Zufriedenheit in Familie und Beruf miteinander verlinken. Mich beschleicht das Gefühl, dass es ihr besser gelungen ist als mir.

Ihr Herzensprojekt »Frauen in Fußball-Führungspositionen« steuert Kraus derzeit mit voller Kraft hinein in das

Auge des Hurrikans. Auch Quotendruck hält sie für ein probates Mittel: »Der Fußball ist nach wie vor ein testosterongesteuertes Business. Es geht um Machterhaltung und Angst vor Kontrollverlust.« Solange keine intrinsische Motivation erkennbar sei, für mehr Vielfalt in Führungsfunktionen zu sorgen, müsse extrinsisch Druck gemacht werden. Eine erste Studie zum Status Quo von Frauen im Fußball hat sie mit ihrer Agentur gerade vorgelegt. »Jetzt gilt es, Netzwerke auszubauen, Kräfte zu bündeln, Vorbilder zu präsentieren«, erklärt die Agenturchefin. Kompetenten, aber vielleicht zweifelnden Frauen die Botschaft zu übermitteln: Hey, seht her, die hat's geschafft. Es funktioniert, und du kannst das auch.

Selten ist mir ein Mensch begegnet, der nach einem einzigen, zugegebenermaßen detailliert, offen und vertrauensvoll geführten Gespräch, so viel Kopfkino hinterlassen hat.

Fan-tastic und Fare!

Noch kann man die Besucher einzeln per Handschlag begrüßen. Es ist Ostersonntag, und die Fan-Abteilung des FSV Mainz 05 hat geladen zur Auftaktveranstaltung von »Fan-tastic Females«, einer Ausstellung von Frauen aus der Welt der organisierten Fußballfans.

Wenn ich sage, noch, dann hoffe ich, dass sich viel mehr

Menschen dafür interessieren, was hier verantwortungsbewusste, sozial engagierte junge Leute präsentieren. Alex, Werner und all die anderen Mitarbeiter der Mainzer Fan-Abteilung stehen dabei nur stellvertretend für Tausende Ehrenamtliche, die über den Tellerrand hinausblicken. Die sich verantwortlich fühlen und erkannt haben, was man mit Engagement bewegen und dass man Chancen nutzen kann.

Frauen aus der ganzen Welt erzählen ihre Geschichte. Wie sie einst zum Fußball kamen, was ihnen Fan-Sein bedeutet und mit welchen alltäglichen Ressentiments sie nach wie vor zu kämpfen haben in den männerdominierten Fan-Bases.

»Ich werde immer nur als die ›Freundin von‹ wahrgenommen in unserer Ultra-Gruppierung«, schreibt eine Frau aus England. Frauen werden gerne mit den sogenannten Hausfrau-Diensten betraut, also Stullen schmieren und Kuchen backen für die Auswärtsfahrt. Die erste Reihe im Stehplatz-Block ist ausschließlich für männliche Fans reserviert. Das Megafon für den sogenannten Einpeitscher ist selbstverständlich nur Männern vorbehalten. Der Klaps auf den Po, die abwertende Bemerkung, Frauen müssen in der Fankurve einiges aushalten. Damit muss Schluss sein, die Initiative »Fan-tastic Females« kämpft für Gleichberechtigung auch auf den Stadionrängen, in den Fankurven. Ich muss gestehen, über die besonderen Belange weiblicher Fußballfans habe ich mir noch nie einen Kopf gemacht.

An jenem Ostersonntag diskutieren wir gemeinsam mit den handverlesenen Interessierten mögliche Herangehensweisen. Eine lebhafte Podiumsdiskussion, die vor allem von erstaunlich weisen Wortbeiträgen aus dem gemischten Publikum getragen wird. Ich bin überrascht, wie differenziert und sensibilisiert einige männliche Vollzeit-Anhänger argumentieren. Man merkt, dass sich bei ihnen langsam, aber sicher ein Hebel im Bewusstsein umlegt. Wir sind im Dialog, das ist der erste Schritt, der einzig mögliche, um Ziele zu erreichen.

Als ich mich zweieinhalb Stunden später verabschiede, beschleicht mich das Gefühl, zumindest an jenem Tag alles richtig gemacht zu haben. Mitzubekommen, wie sich Menschen engagieren und selbst einen Teil dazu beizutragen, gibt mir ein gutes Gefühl. Eine Haltung, die ich erst spät verinnerlicht habe. Aber nicht zu spät, hoffe ich.

Nächster Halt London. An sporthistorischer Stätte, im Wembley Stadion, feiert die Organisation Fare, das steht für »Football Against Racism in Europe«, ihr zwanzigjähriges Jubiläum. Verantwortungsvolle Fußballliebhaber mit ziemlich unterschiedlichen Berührungspunkten legen den Finger in die Wunde, kämpfen für Gleichheit im Fußball, gegen Ausgrenzung jeglicher Art. Was einst als Idee in einem Wiener Hinterzimmer begann, ist gewachsen zu einem der anerkanntesten Netzwerke, das sich den Kampf gegen Rassismus, Sexismus und Homophobie auf die Fahne geschrieben hat.

Mehr oder weniger beschämt muss ich wieder zugestehen, dass ich von Fare noch nie etwas gehört hatte, ehe mich eine Mitarbeiterin auf dem DFB-Jahrestag Gesellschaftliche Verantwortung darauf anspricht.

»Vielleicht hätten Sie Lust, mit uns in London zu feiern. Wir würden Sie auch gerne ehren, als eine Art Pionierin«, erklärt sie mir eher schüchtern und reicht mir ihre Visitenkarte. Bitte was? Ehren, wofür, zischt es mir durchs Hirn. Fühle mich für einen Augenblick peinlich berührt. Ein Gefühl, wie ertappt worden zu sein.

Organisationen, die für das vermeintlich Gute kämpfen, hängt oftmals so ein Image verbiesterter Weltverbesserer an. Radikal und unversöhnlich gelenkt von so einer »Mit dem Kopf durch die Wand Ideologie«. Ich bin da eher eine Spur vorsichtiger, weil ich manche Extremhaltung kontraproduktiv finde, aber in diesem Fall neugierig genug, der Einladung zu folgen.

Die Jubiläumsgala ist hinreißend inszeniert. An meinem Tisch nehmen auch die ehemaligen Top-Profis Cacau, mittlerweile Integrationsbeauftragter des DFB, und Yaya Touré, einst Weltklassestürmer der Elfenbeinküste, Platz. Alle haben ihre Geschichten, alle haben Ausgrenzung, Ablehnung und Widerstand erlebt während ihrer aktiven Fußballkarriere. Plötzlich leuchtet mir ein, wie viele Menschen aus eigenem Erleben Kraft ziehen, Energie gewinnen, um Gesicht zu zeigen für die gute Sache. Ein schöner und vor allem sehr lehrreicher Abend für mich.

»Wir brauchen keine Eier, wir haben Pferdeschwänze«

Ich bin sicher, dass die enorme Strahlkraft des Fußballs eine Chance für mehr gesellschaftliche Verantwortung sein kann. Langsam entdecken wir die Möglichkeiten, welche Botschaften über den Sport ein Millionenpublikum erreichen können.

Immer mehr junge Top-Sportler nutzen Wettkampfbühne und Popularität auch für ihre gesellschaftlichen Überzeugungen. The trend is our friend. Die Frauen-WM 2019 wird nicht nur sportlich in Erinnerung bleiben, sondern ganz besonders, weil Fußballerinnen laut geworden sind in ihrem Bemühen um Gleichberechtigung. Öffentlichkeit und Reichweite genutzt und damit hohe Wellen geschlagen haben. Allen voran Megan Rapinoe, die Beste und Lauteste während dieses Sommers in Frankreich. Rapinoe ist die Führungsfigur des Branchen-Primus und mittlerweile viermaligen Weltmeisters USA. Die Haare lila gefärbt, das Schweigen während der US-Hymne und ihre vorweltmeisterliche Ansage, niemals das »Fucking White House« besuchen zu wollen, solange Donald Trump der Hausherr sei. Kerzengerade, mit einer Körperhaltung voller Symbolkraft, steht die 34-Jährige, wenn es um Gleichberechtigung der Geschlechter geht. Auch die Hetze Andersdenkender steckt sie scheinbar locker weg. Nichts kann Megan Rapinoe erschüttern. Darf, kann, soll ein Sportler die Bühne des Sports nutzen, um eine Haltung kundzutun? fragen sich vor allem die Funktionäre besorgt.

Bloß keine Geldgeber verärgern, bloß keine politische Angreifbarkeit riskieren.

Die brandaktuell vom Internationalen Olympischen Komitee neu verfasste Olympische Charta bezeichnet Rapinoe umgehend als Armutszeugnis: »Uns bringt man nicht mehr zum Schweigen«, prustet sie selbstbewusst hinaus in die Welt. Genau das ist aber verschärft das Ziel der Sport-Funktionäre um den deutschen Präsidenten Thomas Bach. Politisch, gesellschaftlich oder religiös motivierte Haltung könnte natürlich Geldgeber brüskieren, ein Diskurs während der glanzvoll inszenierten Spiele, explizit nicht erwünscht. Klassischer Interessenkonflikt. Mundtot statt meinungsstark? Bitte nicht!

Ich bewundere Menschen mit Mut und Weitsicht. Es ist sicher noch zu früh, von einem Trend zu sprechen, aber ich registriere immer häufiger offen geäußerte Haltung von Sportlern. Stimmen, die Gewicht haben, die gehört werden, die automatisch Aufmerksamkeit generieren. Wenn erfolgreiche Sportstars inhaltlich wichtige Debatten anregen, ist die Wirkung gleich doppelt so groß. Megan Rapinoe hat den Bogen bis zum Anschlag gespannt, sich mit dem Präsidenten ihres Landes angelegt, den sie für rassistisch und homophob hält. »Keine Mannschaft der Welt wird Weltmeister ohne Homosexuelle.« Klare Ansage an all jene, die nach wie vor glauben, gleichgeschlechtliche Liebe sei eine bedauernswerte Ausnahme in unserer Gesellschaft.

So weit sind die deutschen Nationalspielerinnen mit ihrem ebenfalls viel beachteten Commerzbank-Spot nicht gegangen. Selbstbewusst, selbstkritisch und selbstironisch hatten sie dem deutschen Fußballpublikum den Spiegel vorgehalten. »Wir spielen für eine Nation, die unsere Namen nicht kennt«, aber gleichzeitig sich selbst in die Pflicht genommen, besser Fußball zu spielen. Mit dem Slogan: »Wir brauchen keine Eier, wir haben Pferdeschwänze«, sogleich die ewig überflüssigen Vergleiche mit dem Männerfußball angeprangert. Unterm Strich bleibt die Aussage: Niemand muss Frauenfußball mögen, aber bitte doch respektieren.

Bockstarke Botschaft einer Mannschaft, die bislang in ihrem hoch konservativen Verband eher für vorsichtige Zurückhaltung bekannt war. Die Amerikanerinnen hingegen haben ein geradezu beneidenswert unerschütterliches Selbstverständnis. Geprägt durch Glanz und Gloria auf dem Platz bei nicht existenter Konkurrenz durch den Männerfußball. Made in den USA ist ehrlicherweise anderer Sport. Basketball, Baseball, Football beispielsweise. Den europäischen Soccer haben die US-Ladys erheblich erfolgreicher für sich decodiert als die Männer. Alle wichtigen Trophäen in der Verbandsvitrine haben die Frauen eingespielt. Seit vielen Jahren entwickeln sich die Besten jeder Generation zu sportlichen Superstars mit mittlerweile auch Millionen-Honoraren aus Sponsorenverträgen. Fußball in den USA ist weiblich geprägt.

Was läuft hier bei uns eigentlich falsch? Sicher, die Genese ist komplett andersherum, aber ein Stück weit zementierter dürfte der Status des Frauen-Fußballs schon sein.

Auch außerhalb der Olympischen Idee stößt man hierzulande immer wieder auf die Einstellung, Sport und Politik doch bitte schön fein säuberlich zu trennen. Warum eigentlich? Das erleben wir, wenn es darum geht, ob es richtig sei, Sportveranstaltungen in Ländern abzuhalten, die nachweislich große Defizite bei der Achtung der Menschenrechte haben. Länder, die aufgrund von Kultur, Religion und Tradition Frauenrechte anders definieren, als wir das für richtig halten. Funktionäre, Vereinsvertreter und Athleten sind mitunter überhaupt nicht vorbereitet auf das, was dort den Lebensalltag beherrscht.

Erschütternd die Aussage Franz Beckenbauers zu den von Amnesty International nachgewiesenen Menschenrechtsverstößen in Katar beispielsweise, dem kommenden WM-Ausrichter: »Ich persönlich habe hier noch keinen einzigen Sklaven gesehen.« Oha. Der FC Bayern gerät jeden Winter regelmäßig in Rechtfertigungsdruck, wenn er in Doha sein obligatorisches Wintertrainingslager abhält. Die Chance einer wirkungsvollen Begleitung in Form eines klaren Statements lassen sie beim Rekordmeister Jahr für Jahr verstreichen. Halbherzig vorgetragene Bekenntnisse werden zu deutlich als Alibi entlarvt.

Niemand würde auf die Idee kommen, wichtigen Vertretern aus Wirtschaft, Wissenschaft oder Kultur ihre gesellschaftspolitische Haltung abzusprechen.

Schon die Tage vor dem Start der Frauen-WM in Frankreich bieten auch Journalisten abseits des Sport-Ressorts enorm viel Futter. Da sind die Amerikanerinnen, die neben ihren politischen Statements auch für finanzielle Gleichberechtigung kämpfen und den eigenen Verband auf Gleichbezahlung verklagt haben. Die Australierinnen legen pünktlich zum Kick-Off nach.

In Skandinavien ist das Selbstbild des Frauenfußballs sowieso ein historisch gewachsenes. In Schweden, Norwegen und Dänemark ist der Frauenfußball weit früher gesellschaftlich akzeptiert als in Deutschland. Fußball spielende Mädchen prägten das Bild Sport treibender Kinder in Städten und Dörfern bereits Anfang der 1990er-Jahre. So geht die fortschreitende Entwicklung des leistungsorientierten Frauenfußballs auch mit einem enormen Schub aus Nordeuropa voran. Daraus hat sich offenbar erheblich früher ein gesundes Selbstwertgefühl Fußball spielender Frauen entwickelt.

Dass die Däninnen just nach dem Gewinn des Vize-Europameistertitels 2017 in den Streik treten, darf in dieser Konsequenz aber dennoch verwundern. Die Spielerinnen beklagen schlechte Bedingungen und zu schlechte Bezahlung im Vergleich zu den männlichen Kollegen. In der Folge bestreiken die besten Fußballerinnen des Landes den Auftakt zur WM-Qualifikation, so dass Dänemark letztendlich mit einer Reserveauswahl gegen Schweden antreten muss. Klassisches Eigentor, mag man resümieren, zumal die entscheidenden Punkte am Ende fehlen für eine erfolgreiche WM-Qualifikation. Auch ohne jede Zeitlupe erkennbar selbstverschuldet ins Abseits gestellt.

In Norwegen indes begibt sich in jener Zeit Erstaunliches. Gleiches Anliegen, ähnliche Ausgangslage. Die weibliche Fußball-Elite Norwegens ist geschichtlich gesehen, an Titeln gemessen, deutlich ruhmreicher unterwegs als die Männer-Nationalmannschaft. Die Ableitung, gleiches Geld für gleiche Leistung insofern sicher nachvollziehbar. Ein Totschlagargument von Gegnern dieser Gleichung ist die Tatsache, dass der Männerfußball erheblich mehr Gelder generiert, das Ganze also nach dem wirtschaftlichen Aspekt von Angebot und Nachfrage zu regeln sei. Aus dem Blickwinkel heraus betrachtet, sitzen die Frauen natürlich in der Falle. Doch auch in Norwegen hat die Klage der Fußballerinnen Wirkung gezeigt. Der Verband hat die Honorare deutlich angehoben, den Rest erledigen die Männer: Die männlichen Nationalspieler Norwegens verzichten seitdem auf einen Teil ihrer Honorare, um die Bezahlung zwischen Männern und Frauen auszugleichen. Was für eine grandiose Geste! Das ist mal gelebte Gleichberechtigung.

In Deutschland zeigt das Beispiel Almuth Schult, dass auch hierzulande Fußballerinnen anfangen, ihren Anspruch auf mehr Zuwendung aller Art zu formulieren und einzufordern. Die deutsche Nationaltorhüterin hatte bereits Monate vor WM-Start einem Kollegen von der Frankfurter Allgemeinen Zeitung ein interessantes Interview gegeben. Schult prangert unter anderem die fehlende Unterstützung durch den Deutschen Fußball Bund an. »Wie soll man Aufmerksamkeit für seinen Sport generieren, wenn selbst im eigenen Verband die Ablehnung immer noch spürbar ist?«, fragt die Torhüterin, die sich immer häufiger als meinungsstarke Persönlichkeit positioniert. Ihre Aussagen in jenem Interview sind wohl dosiert, niemanden persönlich angreifend und zudem mit einer gesunden Portion Selbstkritik proportioniert. Endlich bohrt mal eine Protagonistin den Finger in die Wunde und löst damit die eingerostete Kette vom Ritzel.

Doch statt ihren Mut zu belohnen und sich mit den Inhalten auseinanderzusetzen, erleidet so mancher Funktionär in der Otto-Fleck-Schneise in Frankfurt, dem Sitz des DFB, Anfälle von Sauerstoffnot. Untermauern gleichfalls ihren lädierten Ruf, das Interesse ihrer Protagonisten aus den Augen zu verlieren. Das Interview wird zunächst zurückgehalten, dann mehrfach redigiert, wie ich später erfahre. Ein wahnwitziges Theater, peinlich und wenig souverän, ist die ungeteilte Meinung der journalistischen Kollegenschaft.

Die verantwortlichen Männer rund um den deutschen Frauenfußball sollten vielleicht mal einen verschämten Blick nach Norwegen werfen.

6:0

Zurück in die Zukunft

Nach dem Spiel ist vor dem Spiel

Belgien! Natürlich ist es reiner Zufall. Ich beginne die Europameisterschaft im Sommer quasi da, wo ich vor zwei Jahren bei der WM aufgehört habe. Achtelfinale, dieser brillante Konter über De Bruyne und Lukaku.

Belgien, laut FIFA-Weltrangliste die Nummer eins, immer noch ein aufregendes Team mit hoch veranlagter Spielergeneration. Es kribbelt schon, die Vorfreude wächst von Tag zu Tag. Nach all den Jahren immer noch oder schon wieder. Dieser Faszination kann ich mich nicht entziehen, wohl wissend, dass stets neue Herausforderungen warten, das bereits Erlebte um weitere Kapitel bereichern.

Die erste paneuropäische Fußball-Europameisterschaft beginnt für Reporter-Team 4 ausgerechnet in Russland. Zurück in die Zukunft. Mommi und ich starten mit der Partie Belgien gegen Russland in Sankt Petersburg. Der Plan für die Gruppenphase steht, unserer führt uns von Russland über Dänemark nach Irland. St. Petersburg, Kopenhagen und Dublin heißen die Stationen. Beim Zweiten bleibt das Quartett unverändert. Selbstredend, dass wir unsere Reporter-WhatsApp-Gruppe 2.0 auflegen werden. Diese besondere, weil in zwölf europäischen Ländern ausgetragene EM wird der erste Höhepunkt eines spannenden Sportjahrs 2020. Es folgen die Olympischen Spiele in Tokio, zwischen beiden Veranstaltungen liegen nur zwölf Tage. Das ist sportlich. Einmal Wäschewaschen und weiter.

Schon die übertragungstechnische Organisation beider Sportevents verrät den zukünftigen Weg der Bewegtbild-Rechteinhaber. Die jüngsten Kostenexplosionen erfordern nunmehr Flexibilität beim Einsatz von Produktionsmitteln und Personal. Das ZDF errichtet auf dem hauseigenen Gelände des Mainzer Lerchenbergs ein den mannigfaltigen Ansprüchen solcher Sport-Großereignisse entsprechendes Sendezentrum. Ein neues Epizentrum der Sendehoheit, von wo aus schon im Sommer die Hälfte aller benötigten Mitarbeiter agieren wird. Auch einige Live-Reporter werden ihre Sportarten im Zeichen der Ringe aus einer Sprecherkabine in Mainz kommentieren. Ein unaufhaltsamer Trend, der um mich glücklicherweise noch einen kleinen Bogen macht in diesem Sommer.

Die Spiele der Fußball-EM werden alle noch aus dem Stadion kommentiert. Ein unermesslicher Vorteil sowohl atmosphärisch als auch die taktisch-analytische Bewertung betreffend, denn der TV-Bildausschnitt zeigt nicht jeden Winkel des Platzes. Es fehlt der Komplettüberblick. Bei klassischen Start-Ziel-Wettbewerben außerhalb der Leichtathletik ist der Nachteil für den Reporter sicher einen Tick geringer, da er ohnehin weitgehend vom Monitor kommentiert.

In Tokio werde ich – tief durchatmen – hoffentlich keine Japaner verwechseln. Wie 2008 in Peking, 2012 in London und 2016 in Rio darf ich die Spiele des Männer- und Frauenfußballturniers kommentieren. Je nach Spielplan, Wertigkeit und Konkurrenzprogramm im Hauptkanal oder als Online-Stream. Die deutschen Frauen, immerhin Olympiasieger 2016, haben die Qualifikation bei der letzten WM bekanntlich in den Sand gesetzt, die junge Männerauswahl von Trainer Stefan Kuntz wird nach Silber in Rio erneut eine Medaille anpeilen.

So oder so, die TV-Berichterstattung wird bei so enorm aufmerksamkeitsstarken Events mal wieder in den Mittelpunkt zahlreicher Rezensionen rücken. Uns alle erwartet Lob und Tadel, Häme und Kritik, Beschimpfung und Beleidigung, so sicher wie das Amen in der Kirche. Einen erkennbaren Klimawandel erwartet niemand. Die Nörgler frisieren ihr digitales Vokabular und werden sich erneut in ihrer Schäbigkeit ganz wichtig nehmen. Da bleibe ich erst mal illusionsfrei. Vielleicht schaffen es ja diesmal wenigstens die Berufskollegen, auf übliche Reflexe zu verzichten und dem Treiben im Netz nur so viel Aufmerksamkeit zuteilwerden zu lassen, wie es verdient. Auch wird es niemanden wundern, wenn spezialisierte Medienjournalisten wieder den Rechenschieber bemühen. Die Anzahl moderierender oder kommentierender Frauen mit der der Männer vergleichen, um so dann den aktuellen Zustand in punkto Gleichberechtigung zu überprüfen. Wahrscheinlich mit dem Ergebnis: Es geht voran. Nicht in Siebenmeilenstiefeln, aber mit seriösen, nachhaltigen Gänsefüßchen. Immerhin.

Glückliche Fügung

Mit zunehmendem Lebensalter glaubt man ja, dass die Zeit vom gemäßigten Dauerlauf ins Sprinttempo gewechselt ist. Tage, Wochen, Monate, Jahre vergehen wie im Flug, kaum sammeln wir das Herbstlaub ein, brennt schon wieder der Hochsommerplanet.

Hängt mit der Fülle der persönlich gemachten Erfahrungen zusammen. Nicht nur das Gewicht, auch die Wiederholungen nehmen zu, das Einzigartige, das Erstmalige passiert nur noch ganz selten. Das Gefühl »alles schon mal dagewesen« beschleicht auch mich immer häufiger. Auch wenn jedes Ereignis, jede große Sportveranstaltung immer wieder kleine neue Anekdoten bietet, der Rahmen ist tausendmal erlebt. Wenn ich nun im Sommer 2020 von der Fußball-Europameisterschaft berichte, ist das mein insgesamt vierzehntes großes Männerturnier. Hinzu kommen noch neun Frauenfußball-Events. Das ist gut Holz. Ich kenne die Abläufe von A wie Akkreditierung bis Z wie Zuschauermassen in- und auswendig.

Aber was ich vor allem merke: Dass ich das Glück hatte, eine verdammt gute, eine wunderbare Zeit mitzuerleben. Quasi in der zweiten Generation der klassisch Fernsehschaffenden. Die 1990er bieten mit dem durchgetretenen Gaspedal der Privatsender jungen TV-Reportern unendlich viele Möglichkeiten. Der nationale Fußball mit dem Flaggschiff Bundesliga erlebt den entscheidenden Anschub, ergattert einen immensen Stellenwert innerhalb der Gesellschaft. Die TV-Millionen bescheren den Vereinen exorbitante Zugewinne auf der Einnahmenseite. Nach der Jahrtausendwende ist die Entwicklung von gemeinnützigen Vereinen hin zu Wirtschaftsunternehmen nicht mehr aufzuhalten. Die schöne moderne Fußballwelt generiert überall neue Jobprofile. Alle schreien lauthals Hurra, realisieren erst später so richtig, dass sich ein Stück weit lieb gewonnene Fußballkultur schleichend verabschiedet. Die Bundesliga ist ein Boom-Geschäft, auf den kein Fernsehsender verzichten kann.

Noch bereichert durch die Bekanntschaft und guten Ratschläge einiger Reporter-Pioniere wie Dieter Kürten, Rolf Kramer oder Ernst Huberty, darf ich schon jetzt resümieren: Ich lebe meinen Traum, nichts hätte mich auf beruflicher Ebene mehr zufriedenstellen können als das, was mir begegnet ist. Auch meine Arbeitgeberwechsel fügen sich in dieses harmonische Bild. Erst Aufbruch bei RTL, dann im »ran«-Team mit Vollgas gegen die Konventionen, ehe ich meine journalistische Heimat beim ZDF gefunden habe. Nie hat sich mir ein Riegel vorgeschoben, weil irgendwelche Sendernöte dazu zwangen, stattdessen hat mein Weg mir eine stringente Weiterentwicklung ermöglicht. Den Umständen der Zeit geschuldet, das ist so heute kaum mehr möglich. Zu viele Player, zu viele Abhängigkeiten, der Markt lebt von kurzen Intervallen. Mit Netflix, Amazon, Facebook und Instagram verändert sich auch das Profil derer, die diese Kanäle bespielen. Ohne junge Nachrücker entmutigen zu wollen, aber ich glaube tatsächlich, die beste Zeit der TV-Sportberichterstattung erwischt zu haben. Reiner Zufall, riesiges Glück. Ein Blick zurück, der mich mit tiefer Dankbarkeit erfüllt.

Weil das Angebot von Sportübertragungen in Echtzeit, also live, vor dreißig Jahren mitnichten so üppig ist wie heute, stellen sich Jung-Redakteure deutlich breiter auf in ihrem Tätigkeitsportfolio. Nur Fußballkommentator zu sein hätte bei der überschaubaren Anzahl der Live-Spiele wenig Sinn gemacht. Neben dem Fußball berichte ich viele Jahre auch über Tennis und Radsport, überwiegend als Filmemacherin und Interviewerin. In der Folge darf ich einige Meilensteine deutscher Sporthistorie hautnah begleiten: sportliche Dramen in fünf Akten mit Boris Becker, Aufführungen nahe der Perfektion von Steffi Graf oder Auferstehung und tiefer Fall des Jahrhunderttalents Jan Ullrich. Nicht nur Sommermärchen wie die Fußball-WM im eigenen Land oder magische Nächte wie beim Titelgewinn im Maracana verzaubern die Massen. Es sind die Individualsportler, die mit ihren sporthistorischen Triumphen zu Idolen avancieren, auch weil sie über die Fähigkeit verfügen, aus bitteren Niederlagen Kraft und Motivation zu ziehen. Manche bleiben ewige Helden, andere sind mitunter tief gestürzt.

Wann beginnt das eigentlich, dass man sich selbst dabei ertappt, in der Vergangenheit zu schwelgen? Wenn's mal wirklich nicht rundläuft, kann eine kurze gedankliche Reise zurück wohlig erwärmen. Meinetwegen eine Therapie-Zeitreise. Rezeptfrei. Die Erinnerung an so manchen Augenblick in meinem Sportreporterleben verursacht unübersehbar Gänsehaut, auch heute noch.

Boris Becker ist so ein Magier, dessen Zauber man sich auch als neutraler Berichterstatter kaum entziehen kann. Sein leidenschaftliches Spiel, sein unermüdlicher Kampfgeist und nicht zuletzt sein stets Achterbahn fahrendes Gemüt, zuweilen am Rande der Selbstzerstörung, haben ihn zu Everybody's Darling werden lassen. Kein anderer deutscher Sportler hat sein Publikum so emotional eingefangen wie Bum-Bum-Boris. Von den Menschen geliebt, weil nicht unfehlbar, vom Boulevard medial komplett vereinnahmt, weil sich jede Schlagzeile mit ihm bestens verkaufen lässt. Die Rivalität zum zweiten deutschen Wimbledonsieger Michael Stich ist für uns Journalisten ein Geschenk. Irgendwas gibt's immer zu berichten, auch oder besonders abseits des Courts. Von kleinen Eifersüchteleien über subtile Ränkespielchen, jeder bemüht, sein Revier abzustecken. Der emotionale Platzhirsch gegen den rationalen Herausforderer. Die Rivalen pushen sich gegenseitig zu Höchstleistungen und ihren Sport in der Gunst des Publikums auf eine Ebene mit König Fußball.

Was für eine himmlische Fügung, dass zu Beginn meiner Berufslaufbahn SAT.1 ein beachtliches Rechte-Portfolio an Tennisübertragungen besitzt und auch das ZDF später einige lukrative Turniere überträgt. Interviews mit Boris Becker gelten als heiße Ware. Wir Reporter befinden uns ganz unausgesprochen auch in einer Art Wettkampf. In einer Zeit, als das teuer bezahlte Übertragungsrecht noch nicht alle Begehrlichkeiten regelt, spielt Beharrlichkeit, Durchsetzungsvermögen und Fantasie im Wettlauf mit dem Mikrofon noch eine einigermaßen entscheidende Rolle.

Als Boris Becker seine Karriere 1999 in Wimbledon beendet, darf ich für das ZDF das letzte Interview führen. Becker wirkt zufrieden, mit sich und seiner Karriere im Reinen. Dass ihm, *dem* deutschen Sport-Superstar nach Max Schmeling und Franz Beckenbauer, der Übergang ins Leben danach erst mal brutal missrät, kommt nicht ganz überraschend. Eheprobleme, Scheidung mit öffentlichem Rosenkrieg, oberpeinliche TV-Auftritte, nur das Dschungelcamp bleibt ihm bis auf Weiteres erspart. Als 17-Jähriger von heute auf morgen ein öffentlicher Mensch zu werden, beäugt auf Schritt und Tritt, ist eine heftige Hypothek. Jedes geäußerte Wort findet unverzüglich den Weg auf die von Moral nur so triefende Goldwaage. Doch selbst hundert Scheidungen oder Finanzpleiten werden diesen Mythos als Sportler nicht zerstören.

Bei Steffi Graf läuft das Ganze irgendwie andersrum. Ihr Spiel ist von enormer Zielstrebigkeit, von fast überirdischer Dominanz. Schnörkellos und unbarmherzig. Kaum den Schläger ausgepackt, ist der erste Matchball nah. Eine Miene verzieht sie dabei selten. Steffi Graf lässt sich niemals in die Karten schauen. Anders als Becker bewegt sie sich scheu wie ein Reh, geradezu dauergenervt von begleitenden Reportern und der dazugehörigen Öffentlichkeit in eigener Sache. Persönliche Befindlichkeiten kaschiert sie so gut es geht hinter einer Fassade der Unbesiegbaren.

Im Sauseschritt knackt das deutsche Jahrhunderttalent alle bis dahin gültigen Rekordmarken. So scheinbar leicht, wie ihr die Triumphe zufallen, so schwer entwickelt sich das Leben eines von der Öffentlichkeit vereinnahmten

Teenagers. Interviews mit Graf bedienen alle Stehsatzschubladen. Die Anstrengung, dabei jegliche Gefühlsregung zu vermeiden, ist frappierend. Klassischer Schutzmechanismus einer verletzlichen Seele. Und dennoch ist mein primärer Auftrag während des Masters 1998 in New York, unbedingt ein sogenanntes 1:1-Interview zu ergattern. Also keinen O-Ton einer Pressekonferenz oder ein Pool-Interview, sondern ein exklusives Gespräch vor dem SAT.1-Mikrofon, möge es bitte sein.

Alle möglichen Verabredungen mit dem Management verheißen wenig Konkretes. »Vielleicht, später, Geduld«, gehört zum Hauptvokabular aller Mitglieder der Graf-Entourage. Letztendlich funktioniert es nur mit Eigenoffensive und einem Tick Raffinesse. In den verwinkelten Gängen durch den Unterbau des Madison Square Garden entdecke ich genau eine Stelle, an der sich Spieler und Journalisten zumindest halbwegs legal über den Weg laufen. Der Zugang für Journalisten ist üblicherweise arg begrenzt. Nach dem Halbfinalsieg fange ich Steffi Graf dort, in dieser einen Ecke, mit meinem Kamerateam ab. Für den Moment zu überrascht, um nein zu sagen, gewinne ich die Gunst des Augenblicks. Ein exotisch anmutendes Hase-Igel-Spiel bei der heute üblichen Star-Abschirmung und der Anzahl an offiziellen Aufpassern, die leidenschaftlich mit Akkreditierungsentzug oder Stadionverbot drohen. Der schnöde Mammon regiert die Erfüllungshierarchie.

Allein die Vorstellung, dass mir eine ganze Nation zuschaut beim Erwachsenwerden, versetzt mir augenblicklich einen Fausthieb. Imaginär. Steffi Graf hat's real durchlebt, die kurze Leine ihres umtriebigen Vaters erweist sich zusätzlich als schwere Hypothek.

Ihr Karriereende bedeutet den lang ersehnten Rückzug in die Privatsphäre. Echte Anonymität ist natürlich nicht mehr möglich. Wohl wissend, nie wieder die uneingeschränkt Beste zu sein in dem, was sie zukünftig anpackt, taucht Graf scheinbar zufrieden, glücklich und komplett erfüllt ab in ein Familienleben in den USA, überwiegend geschützt vor Paparazzi und Schlagzeilen. Amerikaner gehen mit ihren Sportidolen sorgsamer um, das ist ein lohnendes Pfund für das sportliche Tennisrentner-Paar Graf/Agassi. Wahrscheinlich die wahre Lebensleistung beider.

Jan Ullrich ist das nicht gelungen. Total versemmelt! Sein Leben nach dem Spitzensport ist, wie bei vielen anderen internationalen Topstars, bedrohlich aus den Fugen geraten. Keinen dieser drei genannten Sport-Heroes habe ich journalistisch enger begleitet als den Tour-de-France-Sieger, dessen Triumph ich im Sommer 1997 völlig unverhofft hautnah erleben darf.

Sein »Fall« hat mich nachhaltig berührt, mir die fiese Ansicht des Sportgeschäfts unverpixelt mit all seinen miesen Konturen deutlich vor Augen geführt. Die Seilschaften aller beteiligten Profiteure im Spitzensport erlauben kein Pardon. Wenn's ans Eingemachte geht, ist sich jeder selbst der Nächste, wie im richtigen Leben.

Zum Radsport bin ich als Reporterin gekommen wie die Jungfrau zum Kinde. Ein seltener Umstand, gestrickt aus einer Reihe von Zufällen. Anfangs mit der Erfahrung von frühkindlichen Radstürzen und einigen eher quälenden Rennradtouren durchs Bergische Land. Von renntaktischer Strategie, Wattzahlen und Hebelverhältnissen verstehe ich ungefähr so viel wie vom Haareschneiden. Voller Enthusiasmus tauche ich ein in diese von Jan Ullrich aus dem Dornröschenschlaf erweckte Sportart.

Ganz Deutschland fiebert und leidet fortan mit diesem unverbrauchten jungen, sommersprossigen Typen. Im Sommer schieben sie ihn förmlich die Alpen- und Pyrenäenpässe hinauf, im Winter spiegeln sich die hundsgemeinen Alltagsprobleme eines Ottonormalverbrauchers in diesem üblicherweise bis auf die Fasern abgemagerten Topathleten wider. Der Winterspeck macht so auffällig zu schaffen, dass sich Ullrich alsbald an zweite Plätze gewöhnen muss. Dass ihm persönlich das ganz einvernehmlich gelingt, empört die Branche. Vom verschleuderten Talent, dem schlampigen Genie ist nun die Rede. Good guy, bad guy. Ulle, wie ihn alle rufen, besetzt beide Rollen, ehe ihn die Doping-Aufräumwelle frontal vom Rad fegt.

Die Strippenzieher jahrzehntelanger dunkler Machenschaften im internationalen Radsport scheuen nicht mal das gemordete Königskind.

Die Szenerie ist grotesk. Ullrich als Dopingsünder quasi über-, in jedem Fall aber abgeführt am Vortag des Tour-de-France-Starts 2006. Während der Champion maximal gedemütigt vor den Augen der Welt ins Auto verfrachtet, aus Frankreich wegchauffiert wird, fahren seine verbliebenen Team-Kollegen ins von Straßburg benachbarte Freiburg auf die illegale Blutbank. Aktives Blutdoping, durchgeführt von den eigenen Mannschaftsärzten. Eine brutale

Verfälschung der Wirklichkeit, solange man der Öffentlichkeit nur diesen einen Übeltäter präsentiert. Vertuschung, Verleumdung, Verrat. Eine Scharade der kriminellsten Art, die ich so im Sport noch nicht erlebt habe. Der untadelige Ruf des Hauptsponsors steht im Fokus aller Krisen-Strategien. Wie selbstverständlich auch auf Kosten einer Menschenseele.

Das fatale Ende ist bekannt. Hier hat ein krankes, korruptes Sportsystem nicht nur Athleten gestürzt, sondern auch Menschen nachhaltig beschädigt. Trainer, für die Doping eine legitime Methode zur Leistungssteigerung ist, Teamchefs, die alles dem Triumph unterordnen, und Funktionäre, die Figuren wie beim Brettspiel hin und her bewegen, sind die Wurzel allen Übels. Auch das Wirken einiger Medien mit zuweilen bedenklichem Hang zur Lynchjustiz muss in diesem Zusammenhang kritisch hinterfragt werden. Viel zu lange haben wir alle nur den faszinierenden Glamour rund um sportliche Erfolge transportiert. Der geschärfte Blick hinter die dunklen Fassaden gehört indes auch zu unseren journalistischen Aufgaben. Ebenso wie eine sorgsame Abwägung bei öffentlicher Schuldzuweisung und Rollenverteilung. Jan Ullrich jedenfalls hat viel zu viele Hiebe abbekommen, trotz seiner nicht unerheblichen persönlichen Portion Selbstverantwortung in diesem verdammten Dopingsumpf.

Sehgewohnheiten ändern sich – das lineare Fernsehen vor dem Aus?

Wer hat an der Uhr gedreht? Ist es wirklich schon so spät? Paulchen Panther, einst rosarote Comic-Figur des öffentlichen-rechtlichen Fernsehens aus früheren Jahren, könnte für die aktuelle Fragestellung durchaus reaktiviert werden, denn rosarot ist im klassischen Fernsehen nur noch wenig. Derzeit überschlagen sich unzählige Studien mit Prognosen, wann sich denn nun das lineare Fernsehen in wohlverdiente Pension verabschiedet. Die Flimmerkiste als Mottenkiste? In jedem Fall vernehmen wir die Stimmen der Bedenkenträger lauter als jene der Hoffnungsträger. Gerade jüngere Menschen lassen sich schon seit geraumer Zeit kaum noch dem Diktat der Programmmacher unterordnen. Sie planen ihren TV-Konsum individuell nach persönlichen Bedürfnissen. Streaming-Plattformen wie Netflix, Amazon oder YouTube sei Dank. Filme, Serien oder Sport jederzeit auf Abruf. Das ist die Zukunft.

So gesehen ist meine Mutter von gestern. Wie vermutlich viele andere Menschen ihrer Generation. Über die Weihnachtstage schreibt sie beispielsweise all ihre Lieblingsfilme handschriftlich akkurat auf eine Liste. Fein sauber mit Uhrzeit und Sender. Ein persönlicher Time-Table, der dann verlässlich abgearbeitet wird. Bei Dopplern kommt die Receiver-Festplatte zum Einsatz, die Feiertage sind gerettet.

Die gelebte Wahrheit ist aber natürlich der Trend zum Konsum on Demand. Die Geister, die andere riefen, prognostizieren den Untergang des linearen Fernsehens innerhalb der nächsten zehn Jahre. Also den totalen Verzicht auf ARD, ZDF, RTL, SAT.1 und wie sie alle heißen, die deutschen TV-Sender. Nun ja, ich lass mich da gern überraschen. Fakt ist, dass wir alle höchste Anstrengungen darauf verwende,n die sendereigene Digitalisierung voranzutreiben. Im eigenen Online-Angebot ebenso wie auf Fremdkanälen. Inhalte mit öffentlich-rechtlichem Anspruch transportieren, genauso wie moderne Kommunikation über Social-Media-Kanäle. Alles austauschbar. Manchmal kann ich mich des Eindrucks nicht erwehren, dass der Beliebigkeit Tür und Tor geöffnet wird. Kaum spuckt der Markt was Neues aus, ist es eine Frage der Zeit, wann wer was anbietet. Emojis, WhatsApp und wie nennen sich diese Wackelbildchen auf Facebook. Mittlerweile auch auf den ZDF-Seiten angekommen.

Ich gehöre ja tatsächlich auch noch zu den Leuten, die tagesaktuelle Nachrichtenformate wenn möglich live sehen wollen. 21 Uhr 45 ist reserviert für das Heute Journal. Ein Fußballspiel vom Vortag, okay, wenn ich weiß, was mich erwartet, schau ich's mir an. Das Ergebnis bis dahin nicht mal zu wissen, schafft nur einer. Martin Wolff droht jedem, der sich verplappert, mit Kündigung der Freundschaft. Ganz ehrlich, er zieht das durch bis hin zur Verwandlung in eine unerträgliche Furie. Auf seine Weise gewiss auch eine Ausnahme, eine Rarität zwischen TV-Trödel, Tradition und Trash.

Es ist unerheblich, wann genau was zu Ende geht, denn bevor das geschieht, warten neue, zum Teil innovative Ideen auf der Matte. Medienkonsum hat unser Leben in den vergangenen Dekaden begleitet, mitunter bedroht. Bolzplätze beispielsweise sind dem veränderten Freizeitverhalten unserer Gesellschaft zum Opfer gefallen. Dort, wo wir einst in den 1970ern in Neunkirchen gekickt haben, ist vor langer Zeit ein Wohngebiet entstanden. Gespielt wird eher auf der Konsole.

E-sports bahnt sich auch mittlerweile den Weg ins Fernsehen, oder besser auf die Streaming-Plattform. Darts, Kegeln, Boule, die Welt möglicher Sportübertragungen scheint grenzenlos. Mit ein bisschen Fantasie und Kreativität lässt sich alles mega-hip ins Bild setzen. So gesehen eine vielfältige, spannende Aufgabe für die nächste Generation Sportreporter.

Zeiten ändern sich, die Welt bleibt in Bewegung. Die des Sports, die des Fernsehens, die der Verbraucher. Neue Märkte öffnen ihre Pforten.

Nachspielzeit

»Erzähl mir nichts – irgendetwas macht das auch mit dir.«

Es ist laut um uns herum. Heftiges Stimmengewirr und dröhnende Musik aus den riesigen Lautsprechern. Wir müssen uns schon fast anschreien, um uns gegenseitig zu verstehen.

Ich stehe mit Thomas Fuhrmann, meinem Chef, an einer der vielen Bars in der Hamburger Fischauktionshalle während einer Sportgala.

Ja, es ist ein irrer Gefühlsmix, den ich in den vergangenen Jahren erlebt habe. Glück, Leidenschaft, Stolz, Wut, Enttäuschung, Zweifel, Leere – manchmal kommt alles zusammen innerhalb eines einzigen Augenblicks. Ich bin Mitte fünfzig – Wechseljahre, in jeder Hinsicht. Die jugendliche Leichtigkeit hat Adieu gesagt, Falten graben sich ihren Weg, das Bindegewebe ist im Ruhestand, wie Ildikó von Kürthy es treffend ausgedrückt hat. Vom Sixpack zu träumen wäre tollkühn. Abgesehen von Kaltgetränken im Kühlschrank. Da sollte ein kleiner beruflicher Nackenschlag nicht weiter ins Gewicht fallen. Ins Gewicht bitte sowieso nicht, da ist die absolute Toleranzgrenze erreicht. Immerhin, das sportliche Umfeld hält wenigstens das Denken jung.

Grundsätzlich weiß ich, was ich kann, und vor allem, was ich nicht kann. Und doch haben sich noch ein paar Risse ins Fundament gegraben. Aber allen immer wiederkehrenden Beschimpfungen und Beleidigungen zum Trotz – die ungeahnte Kraft, zumindest eine gesellschaftliche Weiche ein klein wenig verrückt zu haben, bedeutet mir inzwischen etwas.

Was das alles mit mir macht? »Ich bin fein«, antworte ich wahrheitsgemäß.

Und vielleicht kann ich eines Tages sogar ein bisschen stolz sein, wenn Fußballkommentatorinnen niemanden mehr zu Proteststürmen unterster Schubladen hinreißen lassen. Zugeben würde ich es vermutlich nicht.

Verlängerung

Eines bin ich Ihnen, liebe*r Leser*in noch schuldig geblieben. Die Küche als eine Art Strafraum für Frauen darzustellen ist schon arg antiquiert. Für mich selbst kommt die Erkenntnis spät, aber nicht zu spät, dass es sich in Wahrheit um so etwas wie ein Kreativ-Labor handelt. Eine Stätte der bildenden Künste, die moderne Männer und Frauen nutzen, um ihrem Lebensgefühl Ausdruck zu verleihen. Genuss ist ein wesentliches Merkmal unseres Lebens. Bestenfalls. Nicht geschlechtsbedingt von Geburt an, sondern beeinflusst durch spannende Lebenserfahrungen. Zehn Jahre Tour de France haben bei mir tatsächlich kulinarische Spuren hinterlassen. Ob Bresse-Huhn aus dem Burgund, Austern aus der Bretagne, Champagner aus Reims: Die französische Haute Cuisine hat meinen Gaumen sensibilisiert, meine Geschmacksknospen erweckt. Kein Fremdeln mehr mit Feinschmeckern. Stattdessen darf ich mich stolz als leidenschaftliche Hobby-Köchin bezeichnen. Kurzum, ich bin sehr gern in meiner Küche! Sie ist im Übrigen offen, und das dürfen Sie gerne symbolisch betrachten.

Die Fußballabende mit Familie und Freunden stehen deshalb bei mir unter dem Motto Gourmet mit Goal – oder so ähnlich.

Ein kleiner Blick ins Gästebuch:

Von Martin Wolff

Mein persönliches Schlüsselerlebnis mit den Kochkünsten meiner hochgeschätzten Kollegin ist keineswegs so positiv, wie man sicherlich erwarten würde, wenn ich mich in ihrem literarischen Erstlingswerk offen darüber äußere. Aber da sie mich inständig darum bat, schonungslos ehrlich zu sein – also nicht einfach nur ein Gefälligkeitsgutachten zu Papier zu bringen –, schreibe ich es jetzt einfach mal ganz freiheraus: Dieses Schlüsselerlebnis war gleichbedeutend mit den schmerzlichsten Tagen, an die ich mich in Sachen Nahrungsaufnahme überhaupt erinnern kann. Sieht man mal von einem mir im Verwandtenkreis als Fünfjährigem unter den strengen Blicken meiner ansonsten sehr liebevollen Mutter aufgezwungenen Heringssalat ab. Und vielleicht auch noch von dem verstörenden Lammgericht, das ich zehn Jahre später als Austauschschüler in meiner eigentlich überaus sympathischen englischen Gastfamilie »genießen« durfte. Also denn:

Gut ein Jahrzehnt ist es her, dass Claudi und ich uns während der Fußball-WM 2010 in Johannesburg ein Apartment mit zwei Schlafzimmern und einer angenehm großzügig geschnittenen Wohnküche teilten. Ich war mir bei meiner Verabredung dazu übrigens extrem pfiffig vor-

gekommen, da Claudi, die ich bis dahin eher vom Fußball- und Tennisspielen sowie Inlineskaten kannte, der Ruf vorauseilte, eine exzellente Köchin zu sein. Und da ich mich nicht vier Wochen lang auf meine eigenen drei bescheidenen Gerichte reduzieren wollte, frohlockte mein Gaumen durchaus, als Claudi mir im Juni 2010 das zeitlich auf die WM befristete »Ja-Wort« gab.

Und es ließ sich tatsächlich auch ganz wunderbar an. Denn Claudia ist keine dieser Frauen, die Kochen als Frondienst empfinden. Nein, sie geht regelrecht darin auf, unablässig an ihren Künsten zu feilen und ihre kreativen Kreationen auch anderen von ihr wohlgelittenen Kollegen zu kredenzen. Unsere ersten drei arbeitsfreien Abende ließen sich geradezu traumhaft an. Mal ein raffiniertes Fischgericht, mal exquisite Pasta mit zuvor nie erlebter Soßenvariation, danach ein auf den Punkt »medium rare« dargebotenes Rinderfilet. Von Beilagen und Desserts will ich gar nicht erst anfangen.

Ja, ganz richtig, in der ersten WM-Woche verbrachte ich ein Arbeitsleben im Schlaraffenland.

Aber dann: Als zuständige Berichterstatterin für das französische Nationalteam wurde Claudi in das weit entfernte Camp der kriselnden Ex-Weltmeister beordert. Für sage und schreibe vier Tage! Wie sollte ich damit klarkommen? So frisch verwöhnt und angefixt, wie ich gerade war. Einfach so zurück zu meinen Müslis, Eierspeisen und Billig-Pastas?

Claudi hinterließ mir in der Küche zwar fürsorglich ein handgeschriebenes Rezept, aber Sie glauben jetzt nicht wirklich, dass mir die Umsetzung auch nur ansatzweise gut gelang? Nein, weder al dente noch schmackhaft die mühsam hingequälten Pasta Frutti Mare. Einfach nur tief enttäuschend! Das exakte Gegenteil von schmackhaft. Nach den kulinarischen Offenbarungen der Vortage geradezu ungenießbar.

Derart niederschmetternd, dass ich unwillkürlich an besagten Heringssalat von 1964 und das Lammgericht von 1975 zurückdenken musste. Und ich mich nicht entscheiden konnte, welches der drei Gerichte denn nun das Schlimmste war, das ich jemals in meinem Leben verzehrt hatte. Die »schmerzlichen Tage« von denen ich eingangs schrieb, dieses kulinarische »Schlüsselerlebnis« bezog sich also nur indirekt auf die (wunderbaren) Kochkünste der Claudia Neumann. Nein, sie bildeten nur den unbarmherzigen Kontrast dazu.

Was war ich froh, als die französische Mannschaft kurz darauf, tief zerstritten, ausschied. Der Fußballgott ließ also Gnade walten mit meinem Gaumen. Denn Claudi kam zurück und konnte mich wieder großzügig verwöhnen. Und mehr noch. Da ich nicht noch einmal durch eigene Gerichte traumatisiert werden wollte, erfüllte sie mir während der Finalrunde sogar den Herzenswunsch, mir peu à peu den ein oder anderen Küchenhandgriff beizubringen. Südafrika 2010, die im Endeffekt dann doch schönste kulinarische Erfahrung meines Lebens!

Eine große Zwiebel und 2–3 Knoblauchzehen klein hacken und in Olivenöl andünsten.

Dann einmal kräftig auf die Tube drücken: Tomatenmark anschwitzen, Röstaroma erzeugen. Ablöschen mit einem guten Schuss trockenem Weißwein.

Anschließend eine gute Handvoll Kirschtomaten vierteln und mit hinein in die Pfanne. Ebenso passierte Tomaten aus der Dose, die sehr geschmacksintensiv sind. Mit Weißwein eine flüssigere Konsistenz herstellen, dann gepulte und entdarmte Garnelen, gewürfelte Lachsstückchen ohne Haut und entsprechend portionierte Stücke Seeteufel in die Tomatenpfanne geben. Der Lachs darf übrigens ziemlich zerbröseln, Garnelen und Seeteufel bleiben schön fest, wenn man beim Umrühren auf unkoordinierte Brachialgewalt verzichtet. Temperatur kontrollieren, Fisch soll nur langsam gar ziehen.

Das Ganze einige Minuten auf kleiner Flamme köcheln lassen und mit 2–3 Esslöffeln Schmand verfeinern. Salzen, pfeffern und je nach Geschmack frisch gehackte Kräuter, wie Basilikum, Petersilie oder Schnittlauch hinzufügen.

Währenddessen die Pasta (am besten Linguine) in reichlich Salzwasser al dente kochen und anschließend mit ein bisschen Nudelwasser in die Pfanne geben.

Pasta unterrühren, bei niedriger Temperatur einen Augenblick ziehen lassen. Nach dem Anrichten auf dem Teller frischen Parmesan drüberreiben, et voilà: Bon Appetit!

Von Jens »Mommi« Momma

Wenn Claudi zum Fußballabend lädt, weiß ich, dass ich mich schon beim Frühstück mäßigen sollte, das Mittagessen sicherheitshalber ganz weglasse. Man kann gewiss sein, dass sie reichlich und vor allem köstlich auffährt. Claudi gehört fraglos zu den Menschen, die spürbar gerne ihre Gäste umsorgt. Ganz starke Gastgeberqualitäten. Locker, leicht, nie gestresst wieselt sie durch die Küche und plötzlich serviert sie ein Dinner, dass dem Fine Dining schon ziemlich nahekommt. Nicht selten ist die Qualität des Essens besser als die des parallel laufenden Fußballspiels.

Mommis Favorit:
Rinderfilet mit Erbsenkartoffelstampf und Pilzrahmsoße

Beim Rinderfilet beginnt die Freude beim Produkt. Gleichbleibend gute Qualität bekomme ich im Frischeparadies, einem deutschlandweiten Anbieter für gehobenen Anspruch. Das gönne ich mir und meinen Gästen.

Das Filet am Stück besorgen, gut parieren, von Sehnen, Fett und Silberhaut befreien. Anschließend aromatisiere ich das Filet in Olivenöl mit Knoblauch, Rosmarin und Thymian ein paar Stunden im Kühlschrank. Aber mindestens eine halbe Stunde vor dem Braten auf Zimmertemperatur bringen. Vor dem Weg in die Pfanne salze ich das

Fleisch. Glaubensfrage selbst unter Profiköchen. Pfeffer kommt bei mir erst nach dem Anrichten drauf.

Dann in der Pfanne an allen Seiten scharf anbraten. Danach darf das Filet, solange es mag, bei 80 Grad im Ofen garen. Je nach gewünschtem Gargrad kurz vor dem Aufschneiden noch mal ein paar Minuten auf 100 Grad erhöhen. Ich persönlich mag's am liebsten medium rare.

Während das Fleisch im Ofen keine Arbeit mehr macht, kann ich alle Beilagen produzieren. Kartoffeln schälen, weich kochen und danach mit Milch und Butter stampfen. TK-Erbsen gleichzeitig ebenfalls in Salzwasser kochen und anschließend mit Milch, Butter und Zauberstab bearbeiten. Das Erbsenpüree dann zum Kartoffelstampf einrühren, mit Salz, Pfeffer und Muskatnuss abschmecken und im Ofen warm halten.

Für die Pilzsoße Zwiebeln, Knoblauch – je nach Geschmack – und geputzte Pilze deiner Wahl in der Pfanne anbraten. Steinpilze und Pfifferlinge sind natürlich die Deluxe-Variante. Mit Weißwein ablöschen und mit einem Becher Schmand zur gewünschten Konsistenz verrühren. Mit Salz und Pfeffer abschmecken sowie klein geschnittenen Schnittlauch hinzugeben.

Zum Anrichten jeweils zwei Scheiben Rinderfilet hübsch auf dem Teller drapieren, das Püree im Servierring daneben und die Pilzrahmsoße leicht drübergeben. Pfeffermühle auf den Tisch! Self-Service für individuelle Würze.

Filigrane Feinkost mag ich nur beim Fußball. Technisch, taktisch, temporeich soll's sein, beste Zutaten für ein attraktives Spiel. Kulinarisch darf's bei mir eher rustikal bleiben.

Wenn sich die fußballaffine Kollegenschaft mal wieder bei Claudia versammelt, sie ankündigt, den Grill anzuwerfen, ahne ich schon, dass es wieder jede Menge kleine, feine Köstlichkeiten gibt. Aber was will ich mit Garnelen und Jakobsmuscheln oder 'nem mageren Bio-Huhn?

Ich stehe auf ein deftiges Schweinenackensteak mit Kartoffelsalat. Damit bin ich eine Konstante unserer Gesellschaft, habe ich jüngst gelernt. »Nackensteakesser sind das Rückgrat unserer Gesellschaft«, Zitat eines Union-Politikers, dessen Partei man zu wenig Bewegung in gesellschaftsaktuellen Themen unterstellt. Na gut: Vielleicht noch zwei Gabeln Alibi-Vitamin – Grünzeug – dazu, und fertig ist die Laube. Auch getränkemäßig bleiben keine Wünsche offen. Claudia und Küche ist eine ebenso gelungene Kombination wie Claudia und Fußball. Garantiert.

Bélas Gaumenfreude:
Gegrilltes Nackensteak mit Kartoffelsalat

Ein gelungener Grillabend lebt von Vielfalt der Geschmäcker und Produktfrische.

Ein gutes Stück Nackensteak frisch vom Metzger des Vertrauens, mariniert mit Olivenöl, Kräutern oder Paprika. Am Grill darf jeder, wer mag, das Zangenzepter schwingen, schließlich sind Garzeiten auch ziemlich individuell.

Beschränke ich mich an dieser Stelle also mal auf das Rezept meines sommerlichen Kartoffelsalates:

Die fest kochenden Kartoffeln wenn möglich schon am Vorabend kochen und auskühlen lassen. Ich pelle sie meistens erst anschließend, reine Gewohnheitssache. Außerdem geht's schneller als schälen. Dann die Kartoffeln wahlweise in dünne Scheiben oder Würfel schneiden.

Als Zutaten wähle ich Zwiebeln, Schnittlauch, gekochten grünen Spargel und gekochte Eier. Spargel und Eier kalt werden lassen. Dann alles schön klein schnippeln und mit den Kartoffeln in eine Schüssel geben.

Als Soße nehme ich eine Art Vinaigrette, bestehend aus Olivenöl, Gemüsebrühe, Senf, Honig, Salz und Pfeffer. Das Ganze gut vermengen und bestenfalls einige Stunden einziehen lassen. Zum Schluss noch mal abschmecken, gegebenenfalls mit Salz und Pfeffer nachwürzen. Leicht und lecker, versprochen.

Alle Rezepte entspringen Freestyle-Versuchen meinerseits, die ich mit der Zeit nach der Devise Trial-and-Error verfeinert habe. Mengenangaben übersetze ich mit Augenmaß, Kochen ist ja irgendwie auch Gefühlssache, oder?